数字时代图书馆读者服务工作拓展与创新

马 瑞 叶 飞 申红利 著

吉林摄影出版社

·长春·

图书在版编目(CIP)数据

数字时代图书馆读者服务工作拓展与创新 / 马瑞，叶飞，申红利著. --长春：吉林摄影出版社，2024.10. --ISBN 978-7-5498-6528-4

Ⅰ.G250.76

中国国家版本馆 CIP 数据核字第 2024RZ3102 号

数字时代图书馆读者服务工作拓展与创新
SHUZISHIDAI TUSHUGUAN DUZHE FUWU GONGZUO TUOZHAN YU CHUANGXIN

著　　者	马　瑞　叶　飞　申红利
出 版 人	车　强
责任编辑	罗　晗
开　　本	787mm×1092mm　1/16
字　　数	134 千字
印　　张	9.75
版　　次	2024 年 10 月第 1 版
印　　次	2024 年 10 月第 1 次印刷

出　　版	吉林摄影出版社
发　　行	吉林摄影出版社
地　　址	长春市净月高新技术产业开发区福祉大路 5788 号
	邮编：130118
电　　话	总编办：0431-81629821
	发行科：0431-81629829
印　　刷	北京银祥印刷有限公司

ISBN 978-7-5498-6528-4　　　　　定　价：65.00 元

版权所有　侵权必究

前 言

在当今数字时代,信息技术的飞速发展深刻地改变了人们的生活方式和信息获取途径。图书馆作为知识的宝库和文化的重要载体,也面临着前所未有的机遇与挑战。在这个大背景下,《数字时代图书馆读者服务工作拓展与创新》一书应运而生。随着互联网、大数据、人工智能等技术的不断涌现,读者对图书馆的服务需求也发生了巨大变化。传统的图书馆服务模式已经难以满足读者日益多样化、个性化的需求。数字时代的读者期望能够随时随地获取所需的信息资源,享受便捷、高效、智能的服务体验。本书旨在探讨数字时代图书馆读者服务工作的拓展与创新之路。它深入分析了数字技术对图书馆读者服务的影响,包括信息资源的数字化、服务方式的网络化、读者需求的多元化等方面。

创新是数字时代图书馆发展的关键。本书强调了创新服务理念、服务模式和服务手段的重要性。图书馆应树立以读者为中心的服务理念,关注读者的需求变化,不断优化服务流程,提高服务质量。在服务模式上,可以探索多元化的合作模式,与其他机构、企业合作,共同为读者提供更加丰富的服务内容。同时,积极引入先进的技术手段,如人工智能、大数据分析等，实现个性化推荐、智能检索等功能，为读者提供更加精准、高效的服务。总之，本书希望为图书馆工作者在数字时代拓展和创新读者服务工作提供有益的参考和启示。通过不断探索和实践，图书馆能够更好地适应时代的发展，为读者提供更加优质、便捷、高效的服务，为推动文化事业的繁荣发展做出更大的贡献。

在撰写本书的过程中，作者查阅和借鉴了大量的相关资料，在此向其作者表示诚挚的感谢。此外，本书的撰写也得到了相关专家和同行的支持与帮助，在此一并致谢。由于作者水平有限，加之时间仓促，书中难免出现纰漏，敬请广大读者批评指正。

目 录

第一章 数字图书馆发展概述 … 1
第一节 数字图书馆的含义 … 1
第二节 数字图书馆的发展阶段 … 7
第三节 数字图书馆的特点 … 10
第四节 数字图书馆的结构体系 … 13
第五节 数字图书馆的发展趋势和发展对策 … 17

第二章 图书馆读者服务工作概述 … 22
第一节 图书馆读者服务工作类型 … 22
第二节 图书馆读者服务工作现状 … 30
第三节 图书馆读者服务工作发展路径 … 33

第三章 图书馆读者研究 … 35
第一节 图书馆读者服务的理论基础 … 35
第二节 图书馆读者的特点 … 41
第三节 图书馆读者的心理和行为探究 … 47
第四节 图书馆读者的需求探究 … 56
第五节 图书馆个性化服务 … 64

第四章 数字时代图书馆读者服务体系构建 … 73
第一节 读者服务体系构建需求 … 73

第二节　读者服务体系构建的内容组成 …………………… 81
　　第三节　读者服务体系构建的实施 ……………………………… 86
　　第四节　数字图书馆服务体系构建 ……………………………… 98

第五章　数字时代图书馆阅读服务理论探究 …………………… 103
　　第一节　图书馆阅读服务概念及其特征 ……………………… 103
　　第二节　图书馆阅读服务发展演进 ……………………………… 106
　　第三节　图书馆阅读服务优化策略分析 ……………………… 115

第六章　数字时代图书馆的服务与创新 …………………………… 130
　　第一节　图书馆服务能力系统的全面提升 …………………… 130
　　第二节　图书馆服务的新发展理念 ……………………………… 142

参考文献 ………………………………………………………………… 147

第一章

数字图书馆发展概述

第一节 数字图书馆的含义

数字图书馆是用数字技术处理和存储各种图文并茂文献的图书馆，实质上是一种多媒体制作的分布式信息系统。它把各种不同载体、不同地理位置的信息资源用数字技术存贮，以便于跨越区域、面向对象的网络查询和传播。它涉及信息资源加工、存储、检索、传输和利用的全过程。通俗地说，数字图书馆就是虚拟的、没有围墙的图书馆，是基于网络环境下共建共享的可扩展的知识网络系统，是超大规模的、分布式的、便于使用的、没有时空限制的、可以实现跨库无缝链接与智能检索的知识中心。

一、数字图书馆的相关概述

(一) 数字图书馆的概念

数字图书馆是随着计算机网络技术、数据库技术、多媒体技术的发展而产生的一种信息图书馆。简单地说数字图书馆是用数字技术收集、存储和组织信息，并通过计算机网络查询和检索信息的一种现代化信息系统。它既不是图书馆的数字化概念和特征，也不是以印刷载体文献为依托的图书馆文献信息开发工作的简单自动化、数字化、网络化论文范文。图书馆的自动化、网络化和图书馆资源的数字化是现代图书馆向数字图书馆过渡的必要阶段，但并不是数字图书馆。数字图书馆是一个以现代计算机技术、网络技术和多媒体技术为依托,以分布式的海量数字化信息资源库为基础,以最大限度地满足用户个性化需求为目的的超大规模信息服务系统。它既是以现代信息技术为核心的高新技术飞速发展的必然产物,也是信息时代重要的社会需求。

数字图书馆是一门全新的科学技术,也是一项全新的社会事业。简言之,数字图书馆是一种拥有多种媒体内容的数字化信息资源,能够为用户提供方便、快捷、高水平的信息化服务机制。

数字图书馆不是图书馆实体:它对应于各种公共信息管理与传播的现实社会活动,表现为种种新型信息资源组织和信息传播服务。它借鉴图书馆的资源组织模式、借助计算机网络通信等高新技术,以普遍存取人类知识为目标,创造性地运用知识分类和精准检索手段,有效地进行信息整序,使人们获取信息消费不受空间限制,很大程度上也不受时间限制。

"数字图书馆"从概念上讲可以理解为两个范畴:数字化图书馆和数字图书馆系统。涉及两个工作内容:一是将纸质图书转化为电子版的数字图书;二是电子版图书的存储、交换与流通。国际上有许多组织为此做出了贡献,国内也有不少单位积极参与到数字图书馆的建设中来。

(二)数字图书馆的基本特征

数字图书馆是一个开放式的硬件和软件的集成平台,通过对技术和产品的集成,把当前大量的各种文献载体数字化,将它们组织起来在网上服务。从理论上讲,数字图书馆是一种引入管理和应用数字化技术的方法,它的特点是:

1.信息资源数字化:数字图书馆利用现代信息技术和网络通信技术,将分散在不同地域的各类传统介质的文献信息进行压缩处理并转化为数字信息。

2.信息传递网络化:数字图书馆将依托由高速宽带网构筑的因特网,以高速度、大容量、高保真的计算机和网络系统,将世界各国的图书馆和无数台计算机联为一体。信息传递的网络化带来了信息服务的跨时空、信息利用的开放化概念和特征,以及信息传递的标准化与规范化。

3.信息利用共享化:以互联网为依托的数字图书馆既能通过网络交换各自的数字化馆藏信息和电子出版物,也能使分散在各地的用户方便利用大量的分散在不同储存单位的信息资源。不仅体现出跨地区、跨行业的资源无限的特征,还体现出跨地区、跨国界的资源共建的协作化和资源共享的便捷性,充分体现了数字图书馆资源的共享性。

4.信息提供知识化:数字图书馆不仅提供原始文献,还将提供更深层次的信息服务,通过对信息的分析和重组,形成符合用户需求的知识,或帮助用户找到解决方案,并对提供的知识产品的质量进行评价。

5.信息实体虚拟化:网络环境下以各种文献为载体的知识信息,都可以方便地转化为数字形式,并在全球范围传输。任何一位拥有个人电脑的用户,都可以十分方便地享用在数字图书馆庞大的资源体系中分布式地存在于世界上任何一个图书馆的资源论文范文。数字图书馆创造了一个奇特的信息空间概念和特征,用户对馆藏的利用将不受地理位置的限制。

6.信息资源管理的自动化:数字图书馆与传统图书馆相比,最根本的区别就是能将文献信息管理全过程收集、整理、加工和传输从传统的手工操作或半自动化完全过渡到自动化、智能化状态。

(三)数字图书馆产生背景

随着信息技术的发展,需要存储和传播的信息量越来越大,信息的种类和形式越来越丰富,传统图书馆的机制显然不能满足这些需要。因此,人们提出了数字图书馆的设想。数字图书馆是一个电子化信息的仓储,能够存储大量各种形式的信息,用户可以通过网络方便地访问它,以获得这些信息,并且其信息存储和用户访问不受地域限制。

数字图书馆是传统图书馆在信息时代的发展,它不但包含了传统图书馆的功能,向社会公众提供相应的服务,还融合了其他信息资源(如博物馆、档案馆等)的一些功能,提供综合的公共信息访问服务。可以这样说,数字图书馆将成为未来社会的公共信息中心和枢纽。信息化、网络化、数字化,这一连串的名词符号其根本点在于信息数字化;同样电子图书馆、虚拟图书馆数字图书馆,不管用什么样的名词,数字化也是图书馆的发展方向。

(四)数字图书馆的基本组成

1. 一定规模并从内容或主题上相对独立的数字化资源;

2. 可用于广域网(主要是 Internet)服务的网络设备和通信条件;

3. 一整套符合标准规范的数字图书馆赖以运作的软件系统,主要分信息的获取与创建、存储与管理、访问与查询、动态发布以及权限管理五大模块,类似于图书馆集成管理系统对于传统图书馆所起的作用;

4. 数字图书馆的维护管理和用户服务。

(五)数字图书馆的服务方式及作用

"数字图书馆"概念一经提出,就得到了世界广泛的关注,纷纷组织力量进行探讨、研究和开发,进行各种模型的试验。随着数字地球概念、技术、应用领域的发展,数字图书馆已成为数字地球家庭的成员,为信息高速公路提供必需的信息资源,是知识经济社会中主要的信息资源载体。

数字图书馆的服务是以知识概念引导的方式,将文字、图像、声音等数字化信息,通过互联网传输,从而做到信息资源共享。每个拥有任何电脑终端的用户只要通过互联网,登录相关数字图书馆的网站,都可以在任何时间、任何地点方便快捷地享用世界上任何一个"信息空间"的数字化信息资源。

数字图书馆既是完整的知识定位系统,又是面向未来互联网发展的信息管理模式,可以广泛地应用于社会文化、终身教育、大众媒介、商业咨询、电子政务等一切社会组织的公众信息传播。

随着计算机和网络技术的研究和发展,数字图书馆正在从基于信息的处理和简单的人机界面逐步向基于知识的处理和广泛的机器之间的理解发展,从而使人们能够利用计算机和网络更大范围地拓展智力活动的能力,在所有需要交流、传播、存储和利用知识的领域,包括电子商务、教育、远程医疗等,发挥极其重要的作用。

二、数字图书馆的主要优点

数字图书馆主要有以下几个优点。

(一)信息储存空间小不易损坏

数字图书馆是把信息以数字化形式加以储存,一般储存在电脑光盘或硬盘里,与过去的纸质资料相比占地很小。而且,以往图书馆管理中的一大难题就是,资料多次查阅后就会磨损,一些原始的比较珍贵的资料,一般读者很难看到。数字图书馆就避免了这一问题。

(二)信息查阅检索方便

数字图书馆都配备有电脑查阅系统,读者通过检索一些关键词,就可以获取大量的相关信息。而以往图书资料的查阅,都需要经过检索、找书库、按检索号寻找图书等多道工序,烦琐而不便。

(三)远程迅速传递信息

图书馆的建设是有限的。传统型图书馆位置固定,读者往往要花费大量的时间在图书馆的路上。数字图书馆则可以利用互联网迅速传递信息,读者只要登录网站,轻点鼠标,即使和图书馆所在地相隔千山万水,也可以在几秒钟内看到自己想要查阅的信息,这种便捷是以往的图书馆所不能比拟的。

(四)同一信息可多人同时使用

众所周知,一本书一次只可以借给一个人使用。而数字图书馆则可以突破这一限制,一本"书"通过服务器可以同时借给多个人查阅,大大提高了信息的使用效率。

三、数字图书馆的技术研发

(一)技术概述

数字图书馆是高新技术的产物,信息技术的集成在数字图书馆的建设中扮演了非常重要的角色。数字图书馆的含义很广,它不是简单的互联网上的图书馆主页,而是一整套面向对象的、分布式的、平台无关的数字化资源的集合。广义而言,数字图书馆包括所有数字形式的图书馆资源;经过数字化转换的资料或本来就是以电子形式出版的资料,新出版的或经过回溯性加工的资料;各类资源类型,包括期刊、参考工具书、专著、视频声频资料等;各种文件格式,从位图形式的页面到经 SGML 编码的特殊文本文件。

(二)主要技术

具体来说,其涉及数字化技术、超大规模数据库技术、网络技术、多媒体信息处理技术、信息压缩与传送技术、分布式处理技术、安全保密技术、可靠性技术、数据仓库与联机分析处理技术、信息抽取技术、数据挖掘技术、基于内容的检索技术、自然语言理解技术等。

(三)数字研发进程

在我国,正式提出数字图书馆概念并导致后来大规模研发工作的是 1996 年在北京召开的第 62 届国际图联(IFLA)大会,数字图书馆成为该会议的一个讨论专题。IBM 公司和清华大学图书馆联手展示"IBM 数字图书馆方案"。

1997 年 7 月,"中国试验型数字式图书馆项目"由文化和旅游部向国家计委立项,成为国家重大科技项目,由国家图书馆、上海图书馆等 6 家公共图书馆参与,该项目的实施是中国数字图书馆建设开始的标志。

数字图书馆在中国从 1998 年开始升温,在科技部的支持和协调下,国家 863 计划智能计算机系统主题专家组设立了数字图书馆重点项目——"中国数字图书馆示范工程",这是一个由国内许多单位联手参与的大文化工程。该工程于 1999 年启动,首都图书馆成为"中国数字图书馆工程首家示范单位"。

1998 年 10 月,文化和旅游部与国家图书馆,启动了中国国家数字图书馆工程,该工程由"中国数字图书馆有限责任公司"负责,标志着中国数字图书馆工程进入实质性操作阶段。

1999 年初,国家图书馆完成"数字图书馆试验演示系统"的开发。同年3月,国家图书馆文献数字化中心成立,扫描年产量3000万页以上。与此同时,部分省、市的数字图书馆研究项目也开展起来,如辽宁省数字图书馆项目、上海数字图书馆项目。

2000年底,文化和旅游部在海南召开"中国数字图书馆工程资源建设"工作会议,讨论制定《中国数字图书馆工程一期规划(2000—2005年)》,推荐使用资源加工的标准规范。

2001年初,国家计委批准立项"全国党校系统数字图书馆建设计划",总投资达1.9亿元。北京大学、东北师范大学等院校相继成立数字图书馆研究所,在全国范围内掀起了数字图书馆建设和研究的高潮。

2001年5月23日,国家重大科技项目"中国试验型数字式图书馆"通过专家技术鉴定。中国数字图书馆已经进入初步实用阶段,中国的数字图书馆研究、建设已经初具规模。

第二节 数字图书馆的发展阶段

一、数字图书馆发展的初始阶段

我国的数字图书馆发展是在20世纪90年代,在此之前的图书馆自动化研究只能说是数字图书馆的前期准备阶段。70代后期至80年代中期主要是探讨与图书馆自动化有关的问题及进行试验性工作;80年代中期各种类型的单项及多项计算机管理系统相继开发出来,有许多系统投入实际应用,实现图书馆业务操作、采编、检索的自动化;80年代后期至90年代初计算机应用由单项、多项应用向集成系统方向发展,逐步实现对图书馆所有环节的自动进行管理、控制,构成整体图书馆自动化系统。

20世纪90年代中期随着计算机存贮技术及网络技术的飞速发展,国外数字图书馆的雏形逐渐成形,我国也渐渐地将数字图书馆纳入图书馆未来发展的轨道。

二、数字图书馆快速发展阶段

1996年由中国科学院计算技术研究所与国家图书馆合作进行了"多媒体信息检索系统"项目的研究。该项目主要是研究基于特征的图像信息检索,实现按照图像的纹理、颜色、形状等特征对图像信息进行检索;研究中文信息全文检索,利用相关检索机制,提高检索效率;研究信息存储管理方法,实现跨平台的客户端检索。它是跟踪国际数字图书馆检索系统所使用的高新技术自主研究开发的项目,其成果可用于面向影像内容的数字图书馆检索系统。

1996年初,国家图书馆在文化和旅游部申请了"数字式图书馆试验项目"。该项目以中国博士论文影像数据库为切入点,采用客户服务器模式,利用书目数据服务器管理数据的索引和查询,用影像数据服务器管理数字化的信息;扫描影像采用300dpi的分辨率,按CCITT的Group4标准进行压缩和解压,将图像存储到JukeBox上,并通过建立多级索引和多库连接实现检索提供网上服务。

1997年由国家图书馆及上海图书馆、辽宁图书馆等多家单位申请了"中国试验型数字图书馆项目"。该项目拟建立一个多馆协作、互为补充、联合、一致的中国试验型数字图书馆。实现由多类型、分布式、规范化资源库组成的一个试验型数字图书馆,为我国建设规范化数字图书馆提交一份初步成形的、实用的实现技术。该项目要组织建设若干个整体性好、符合统计表技术要求的数据库,以在数字图书馆系统中形成一个多馆合作的、具有一定规模的、整体性较强的数据库。

三、数字图书馆进入应用阶段

(一)国家图书馆的数字化

1998年国家启动了数字图书馆系统工程"863"攻关项目,它由国家图书馆与北京曙光天演信息技术合作完成。该项目是要初步建立一个中国试验型数字图书馆系统。该系统要构筑在互联网环境上,其体系结构包含多个分布式数字资源库,采用人工智能技术,实现横跨多个资源库的快速查询。在技术上,该项目要达到具有网络管理、多媒体信息查询与检索、海量信息的存贮与检索、知识产权的权限管理功能,要实现在互联网上有一定的互操作性,数字式对象的描述方法,要支持不同源的分布查询和检索,支持法律规定的知识产权保护和纳税义务,提供对超大容量数字式对象的快速检索子系统,提供方便的网络用户接口。目前国家图书馆已经启动数字图书馆工程,它推出了"中国数字图书馆读书卡"服务。读者可利用已有的中国数字图书馆读书卡,通过 Internet 浏览借阅源自国家图书馆的数字化图书资源。

(二)辽宁省图书馆的数字化

近年来辽宁省图书馆在 IBM 图书馆系统的基础上,由东北大学阿尔派软件公司作为系统集成和二次开发。IBM 数字图书馆在推出其产品后,就将其定位在网络环境下多媒体信息的综合管理解决方案。该方案有 5 个功能:内容的创建与获取、存储与管理、权限管理、访问和查询、信息发布。辽宁省图书馆在该系统上计划实现古籍图书的数字处理、互联信息发布、多媒体阅览室和 VCD 点播。在古籍图书的数字处理方面,该馆计划利用 IBM 的 TimeDelayandIntegration 数字相机对古籍进行数字化处理,为使该系统的多媒体平台特性发挥出来,辽宁省图书馆搭建了一个集成的、多媒体信息工作环境。

(三)高等教育文献保障体系

"九五"期间,教育部启动了"中国高等教育文献保障体系"(简称 CALIS)工程。该项目的总体目标是:以中国教育和科研网(CERNET)为依托,初步建成中国高等教育方面保障体系的基本框架,实现信息资源共建、共知、共享,深化资源的有效开发和利用。"CALIS"的建设加快了图书馆的数字化的进程。CALIS 通过协调,现初步建成了图书馆联合编目系统、学位论文数据库、"211 工程"国家重点学科导航数据库、"CALIS"特色数据库等。CALIS 还协调各馆共同引进国外的相关数据库、软件,使各馆能更快地进入数字图书馆的轨道。

(四)学术期刊的数字化

1997年国家新闻出版署首颁《中国学术期刊(光盘版)》(简称CAJ—CD)电子刊号,标志着首次将CAJ—CD纳入正式的出版轨道。这是我国第一个以电子期刊方式按月连续出版的、大型集成化的学术期刊、现刊原版全文数据库。它的出版发行对我国图书馆的数字化产生了巨大的影响。目前CAJ已经完成了从"光盘版电子连续出版物"到"中国期刊网"的升级。现在"中国期刊网"包括:"中国期刊网专题全文数据库""中国期刊题录数据库""中国重要报纸专题全文数据库""中国专利题录摘要数据库""中国医院知识仓库"。这是一套能向国内外广大读者和师生提供咨询服务的大型动态信息资源。CAJ收录中文核心期刊3500余种。包括理工、农业、医药卫生、文史哲、经济政治与法律、教育与社会综合八个大类。基本上将中文的核心期刊处理成为数字化的文献,并且它在创建初期就解决了版权问题。另外中文的期刊数据库还有"重庆维普""万方数据"。维普收录的期刊总数及种类比中国期刊网都要多,并且标引的质量及二次文献的加工质量都比较专业。但它存在版权问题,因为并没有推广出来。

图书馆数字化正进入快速发展时期,并呈现高速发展势头,信息技术步入网络化阶段,信息孤岛的坚冰正被数字图书馆所融化,未来全球图书馆将成为可能,这构成了今天图书馆数字化的发展方向。

第三节　数字图书馆的特点

数字图书馆与传统图书馆在基本的文献揭示和信息传递上所起的作用是相同的。从本质上讲,都是信息的有序化与增值传递,但在处理对象、工作程序、表现形态等方面却有极大的差异。数字图书馆建设使传统图书馆迈入了一个崭新的天地,数字图书馆及其组成部分虽然仍称为图书馆,但其与传统图书馆相比,具有独有的特征:即物理空间实体不再是特定标志。

数字图书馆是在科技知识呈几何级数增长的学习型社会背景下发展起来的。数字图书馆的服务内容和结构多元化形成的"即时生产"型的服务体系,使人们可以根据工作、生活、休闲等需要,在可能的场合随时随地自主进行学习,随时获取知识、提高能力,读者成了图书馆服务过程中的认知主体,图书馆员与读者在时空上处于准分离状态,读者的学习可以是灵活、多样、开放的,这些都构成了数字图书馆以下的显著特点。

一、从图书馆类别来看,数字图书馆具有以下特点

1. 从对象来看,数字图书馆的对象可以是社会全体成员。数字图书馆对读者没有限制条件,为人们提供了多种可供选择的学习方式和内容,特别是给那些没有机会到图书馆读书的人们提供了良好的学习条件。

2. 从图书馆公共与否来看,数字图书馆可以是公共图书馆,也可以是非公共图书馆。为了满足社会和个人发展需求,数字图书馆的体制、办馆形式、服务设置必然朝着多层次、多形式、多规格方向发展。

3. 从图书馆的场地来看,只要具备上网的地方,就可以通过网络进行自主学习,突破了传统的图书馆和阅览室的限制。可以在图书馆内学习,可以在图书馆外学习,可以在工作场所学习,也可以在家庭学习。网络技术的广泛应用,为进一步拓宽图书馆服务范围提供了条件。

4. 从接受图书馆服务的目的来看,可以是教学和科研的需要,可以是学历教育的需要,也可以是非学历教育的需要,比如符合个人兴趣爱好的各种报告会、讲演、讲习班、研讨班、培训班等。

二、从图书馆功能来看,数字图书馆具有以下特点

1. 虚拟性。各种载体的数字化转换与藏取,虚拟性成为数字图书馆的最大特点。各种文献载体将被数字化,包括各种印刷型文本(古籍、善本)、地图、缩微资料、视听资料和动画片、电影片等。在数字图书馆中,将以多媒体数据为主。

2. 重复性。组织有效的访问和查询。数字图书馆的储存功能使图书

馆资源重复使用不会被消耗,并无磨损,使数字图书馆资源成为一种取之不尽的资源,能够保存和积累。同时数字图书馆资源使用者又成为数字图书馆资源提供者。数字图书馆储存着丰富优质的资源,为人们长时间反复使用信息资源提供了可能性。分布式管理是数字图书馆发展的高级阶段,它意味着全球数字图书馆遵循统一的访问协议之后,数字图书馆可以实现"联机检索"。全球数字图书馆将像现在的 Internet 连接网站一样,把全球的数字化资源联为一体,成为一个巨大的图书馆。通过有效的文本数据库查询技术和多媒体资料的查询技术,直接对图像、声音建立索引,可以按照颜色、形状、纹理在图像中的位置对图像进行查找。

3. 替代性。数字图书馆可以代替人进行图书馆服务,即人—机图书馆服务;可以代替或演示事物的反应与发展过程,使服务内容更生动、直观、形象、具体。数字化图书馆大多采用客户机/服务器的模式,客户、图书馆服务器和对象服务器构成信息传递的核心结构。图书馆服务器主要管理数据的目录、索引和查询,而对象服务器用于管理数字化的对象(即各种类型载体的源文献)。海量数据的存储和管理显示了数字图书馆的规模与能力。

4. 隐蔽性。多媒体网络为数字化图书馆提供了一个资料的传输环境。今后的 NⅡ 和 CI 就是最好的环境。可以说,宽带综合业务数字网(B—ISDN)将成为多媒体通信的基本传输网络。数字图书馆通过现代网络信息技术提供给读者的是虚拟和虚拟化的空间。网络的隐蔽性使人们处于时空的隔离。只要有网络设施,人们就可以在任何地点、任何时间通过网络浏览数字图书馆看自己想看的东西,且很难被人察觉,这有利于保护个人隐私,也有利于个体的发展。

5. 开放性。开放性是指数字图书馆向任何人在任何地点、任何时候,以任何内容、任何方式提供学习机会。数字图书馆具有一般计算机网络系统的管理功能,要重视各种类型用户的权限管理,更重要的是用适当的技术确保版权人的资源不被滥用。开放性带来读者使用数字图书馆的自由性、灵活性、针对性和适应性;开放性也带来了人们思想价值观念的开放,使人们的视野更为开阔,思维方式更具全局性和整体性。

6.平等性。数字图书馆的隐蔽性使人的身份隐蔽,人面对数字图书馆都是平等的。不论你是教授还是中小学生,你的使用权都是一样的。数字图书馆使以往的图书馆服务模式发生了深刻的、根本的变化,世界性的图书馆服务已成为一种现实,图书馆服务也由单向性向交互式转变。

第四节 数字图书馆的结构体系

数字化图书馆的模型由三个部分和附加层组成:用户界面,网络和通讯,信息资源、数据库管理和检索系统以及附加的咨询系统。

一、用户界面

数字化图书馆的资源被广大用户或读者使用,必须具备友好的用户界面。目的就是让用户访问资源时使用方便,因为人们非常重视用户界面的开发,例如近年来,在Internet上出现一些方便用户的网络化信息检索工具,它们使用的是浏览器和超文本等用户友好界面的技术,跨平台、跨语种的统一检索界面。使用者不必知道所要查找的信息在网络存放的位置,也不必掌握许多操作命令。这些界面使用者一看就懂、一学就会,掌握起来也没什么困难。

二、网络和通信系统

网络和通信系统是数字化图书馆的重要基础。从宏观的数字化图书馆概念出发,它是一个整体化建设。包括一个单位内的区域网络以及地区、国家和国际网络和通信系统的建设。因特网是目前数字化图书馆实现的网络环境。大量的信息资源均可通过它获得。特别是当前世界各国发展的宽带网是数字图书馆真正要求的运行环境。例如各国发展2.5GB~10GB带宽的主干网等。

三、信息资源和检索、发布系统

读者的目的是以最快的速度得到满意的资料。一个现实的数字化图书馆,在今后一段时间内将同时存在三种资源:即本单位收藏或开发的数字化信息资源,传统图书馆的印刷型资料(有各种数字化的索引),外界数字化图书馆、信息中心和电子出版物数据库的资源等。就长远观点而言,还应有国家级的"知识银行""文献数据库系统",供数字化图书馆共享。一大批对象数据库由智能软件进行数据检索和发布。

四、数字化图书馆的咨询系统

数字化图书馆的咨询系统一般分为自我服务系统和请求帮助系统。这是数字化图书馆的重要组成部分,前者能在客户端上显示读者指南,能自动指引读者使用数字化图书馆。目前大多数电子信息中心均有自我服务系统。后者为请求帮助系统,数字化图书馆应有各种信息专家,随时接受读者的联机访问并提供咨询。已有数字化图书馆的示范单位,有的已使用专家系统来部分解决一些读者提出较疑难问题。请求帮助系统应能在读者不中断检索的情况下,一步一步地帮助用户解决问题;系统专家还能监控这些活动,知道信息专家解决问题的情况。

数字图书馆发展的最终目标是为读者提供高质量的数字化服务,一方面在于数字环境下传统图书馆的数字化处理,另一方面在于内在服务平台的建设。与传统图书馆相比,数字图书馆有其自身的发展特点,这种在高技术的支撑下发展起来的数字图书馆,其服务对象、服务方式和服务手段等都发生了变化,以"用户信息活动"为基础是数字图书馆未来发展的方向。数字图书馆作为教育和科研的辅助机构,也面临着服务模式的转型和发展,其服务模式的转型发展大致需要经历以下三种循序渐进的发展模式。

(一)"被动"的无交互 Web 网站的服务模式

"被动"式无交互 Web 网站的服务模式是数字图书馆发展的最初模

式,这种模式主要是采用无交互的网站模式来实现其服务,进行的是一种单向信息的传递模式。通常,不会考虑用户的具体需求,只是将整理后的数字资源以网页的形式或数据库的形式输入到电脑,用户自行取用,图书馆与用户之间根本不存在任何互动。

这种模式的发展结果就是图书馆不了解用户的需求,用户无法向图书馆反馈信息,不能从根本上解决图书馆发展的问题。这种"被动"式无交互 Web 网站的服务模式提供给用户的只是一种简单的服务指南。由于我国图书馆特殊的社会性质和地位,一直以来,其发展都是比较滞后的。目前,很多图书馆都是采用千篇一律的"阵地式"的被动服务模式,信息资源流动的单向性依然沿袭着传统的以"资源为中心"的服务模式。这种服务模式只注重馆藏文献资料系统的数字化加工,而不考虑用户信息需求的多维度和层次性,从而造成了严重的"资源闲置"与"用户需求无法满足"的两极分化现象,这也是现代图书馆门庭冷清的根本原因。因为,这种不能满足用户需求的"被动"服务模式必将被淘汰,一种逐步改良的"过渡"服务模式将取而代之。

(二)"过渡的"E-mail 或 Web 表单服务模式

"过渡的"E-mail 服务模式是指在数字图书馆的主页设置图书馆馆员的电子邮箱地址的链接,让用户点击进入网页之后,可以与馆员进行简单的交互。与"被动的"无交互 Web 网站的服务模式相比,这种简单的交互模式依然不能完全满足用户与图书馆之间的全面互动,但至少向用户提供了一种更加便捷、更加经济的信息渠道。由于这种服务模式要求的技术含量并不很高,因为比较容易实现。对于一些条件有限的数字图书馆来说,这种模式是一种简单易行地从"被动"转型为"主动"的"过渡"服务的模式。

Web 表单方式是在纯粹的 E-mail 基础上改良的服务模式,用户要先填写一个 Web 表单,通过 E-mail 的形式将表单发送给图书馆员,图书馆员根据用户的需求,在规定的时间内,通过 E-mail 或电话的形式答复读者,这是一种"被动"服务向"主动"服务转化的中间模式。

"过渡的"E-mail 或 Web 表单服务模式实现了图书馆馆员与用户之间的简单互动,不仅能满足用户的需求,还可以让图书馆尽快地得到用户的反馈信息,不断地完善图书馆的服务,从而最大化地体现数字图书馆的实质和含义。同时,这种简单易行,且行之有效的"过渡的"E-mail 或 Web 表单服务模式能让图书馆在数字化时代走得更稳定、更快捷。

(三)"主动"的专业交互式 Web 网站服务模式

事物的发展总是从低级走向高级,当作为"过渡的"E-mail 或 Web 表单服务模式发展到一定程度时,一种更加高级的服务模式自然而然地诞生了,这就是"主动"的专业交互式 Web 网站服务模式。

"主动"的专业交互式网站服务模式是数字图书馆网络服务的高级方式,主要是通过专业的交互式 Web 网站,图书馆馆员与用户之间进行即时互动交流,不仅可以增进用户和馆员之间的情感交流,而且馆员可以即时地了解用户的具体要求,并针对用户的需求制定服务方案,有利于图书馆的建设和管理。"主动"的专业交互式 Web 网站服务模式包括交互问答模式和个性化信息推送模式。

交互式问答模式实际上是一种在线聊天形式,用户与馆员之间进行心与心的在线交流,用户的需求直接反馈给馆员,馆员可以根据用户反馈的信息进行工作上的完善和改进,这是一种双向的互动模式,不仅有利于满足用户的需求,而且能促进图书馆的建设。这种交互式问答模式起源于美国宾夕法尼亚大学商学院采用聊天软件提供实时信息咨询,后来被图书馆引入,开始在网上以聊天的形式接待用户,形成一种实时性数字化的服务。同时,图书馆员还可以帮助一些初次使用网络浏览器阅读书刊的用户,快速有效地阅读数字书刊。

个性化信息推送模式是指用户根据自己的需求自行设计数字图书馆的界面,并制定数字图书馆资源。这种模式用户是主动的,数字图书馆系统处于被动地位,数字图书馆只是根据用户的个性化需求定制和推送信息。当然,图书馆还应该重视数字资源的整合以便于用户更好地操作和使用。这种服务体现了"以用户为本"的服务思想,我国图书馆是从属于学校的辅助教学科研机构,其发展受整体发展水平的制约。如今,绝大多数图书馆处于数字图书馆发展的初级阶段,甚至依然沿袭传统图书馆的模式。当然,高级发展阶段需要复杂的技术和较高的馆员素质,在有限的条件下,其发展速度相当缓慢。

数字图书馆服务模式从"被动"的单向信息传递模式发展到"主动"的个性化信息推送模式,一方面体现了现代科技的进步,更有利于用户使用图书馆资源,将图书馆的资源发挥到最大限度;另一方面资源的丰富性和数字系统的复杂性给图书馆带来了巨大的挑战,其数字化的转型被日益提上日程。

第五节 数字图书馆的发展趋势和发展对策

一、数字图书馆的发展趋势

(一)数字图书馆的发展趋势

1. 海量数字化存储

数字化的信息资源将成为数字图书馆的主导资源,这就对存储信息管理技术提出了更高的要求。要保证资源的广泛性、全面性和利用时的效率就要求其存储的数据总量必然达到海量规模。如美国国家数字图书馆计划,1999年数字化资源的总量就已达100TB,英国国家图书馆现有的数字化资源已超过1000GB,法国数字图书馆中的数字化资源总存储量在3000GB以上。

2. 引进吸收关键技术

数字图书馆建设涉及计算机、网络通信等多领域多技术的综合集成,随着信息技术的不断发展,计算机和网络通信技术发展也十分迅速,新技术层出不穷。国外发达国家先于我国进行数字图书馆的研究、开发和试验,我国的数字图书馆建设应该积极引进国外先进、成熟的技术,借鉴他们的经验和教训,努力实现跨越式发展。

3. 加强标准化研究

数据的标准化和规范化是实现数字图书馆资源共享的前提和根本保障,目前世界各国都在加紧制订相关技术标准以取得信息控制权,为了实现数字图书馆中的分布式数据库跨库检索,必须实现在文献信息资源的数字化、传递、运用等方面技术应用的标准化和规范化,通过标准化技术平台来实现数字图书馆资源的共享。

4. 全球范围全方位合作,实现全球资源共享

实现全球资源共享是数字图书馆建设的终极目标,数字图书馆建设涉及的技术和资源范围极广,仅靠单位个体的力量是无法办到的,重视合作显得尤为重要,创建全球数字图书馆是未来图书馆的发展趋势,它将为全球用户以极低的成本、极快的速度存取分布在全球的众多数字化信息资源库里的信息。

5. 加强知识产权管理

由于实现了全球资源共享,知识产权管理问题显得越来越重要,解决不好将影响和制约数字图书馆的发展。要加强数字化资源的知识产权管理,修订著作权法和计算机软件保护条例,解决知识产权管理方面存在的问题。加强法治化建设,积极参与立法建设,充分利用法律手段,尊重用户权利,合法利用文献所有权、复制权、数据库使用权等权利,来开发与利用数字资源。

6. 资源建设特色化,服务更具个性化

数字图书馆的资源建设特色化和服务个性化,是数字图书馆发展的又一大特征。由于信息资源的高度集成,重复建设只能造成巨大的浪费,因此数字图书馆的资源建设要更具特色。同时转变服务方式变被动为主动,随时发布和传播各种信息资源的消息,提供导航式和个性化服务。

(二)今后数字图书馆发展的三种主流模式

经过了十几年对数字图书馆各种主要技术的研究和相关技术的发展,为建立现实的数字图书馆打下重要的技术基础,现已诞生或正在建设一批数字图书馆,主要有三种类型:

1.特种馆藏型模式:将自己图书馆的珍藏(包括善本、古籍和珍藏)或特种馆藏(包括图片、声音、音乐、影视等各种载体)的资料进行数字化,提供网上共享。

2.服务主导型模式:这种服务模式的资源一般由三部分组成:图书馆本身的数字化特种馆藏、商用的网上联机电子出版物或数据库、因特网上有用的文献信息资源。

3.商用文献型模式:一些文献服务公司、出版社、代理商等建立一种供商用文献型的数字图书馆,提供全文的期刊、杂志、电子图书(也包括音乐和影视资料)等,一般既有索引数据库,又有全文的对象数据库。

二、数字图书馆的发展对策

数字图书馆的建设是一个计算机、网络通信、信息处理等多种高新技术的结合体,需要强大的技术力量的支持,必须把科研、图书馆、IT业等各系统联合起来,数字图书馆的技术支持才能有所保障。我们应当在强化基础建设、集中财力、统筹兼顾的基础上发展中国的数字图书馆。在此过程中,应充分认识自己的不足,认清自己与发达国家的差距,分析存在的问题结合我国国情,制定总体规划和发展策略,指导我国数字图书馆的发展。

1.加强高新技术研究,应用先进的数字图书馆的关键性技术和管理系统,推进数字图书馆的建设。各种高新技术是数字化的关键,我国的一些大型公共图书馆和图书馆以及一些数字信息公司在数字图书馆的技术领域都进行了积极的探索,有些图书馆凭借自己的技术力量,建立了各自的 Web 网站或网页,同时提供各种各样的网上服务。数字方舟信息公司推出的信息自动化扫描信息编辑加工系统、数字媒介存储与检索系统、图书商务网站发布系统,不仅有效地解决了中文纸质文献的数字化问题,而且由于采取了国际通用的 PDF 格式和图像压缩技术,使信息存储空间更小,传输速度更快。另外,我们还可借鉴国外先进的数字图书馆技术,推出整套、先进、实用、高效的数字图书馆方案,采用主流产品和技术,解决多方面应用软件系统的技术问题,形成具有国际先进水平的数字图书馆的技术支持环境。这些技术的突破,对加快我国数字图书馆的发展将起到巨大的推动作用。

2.合理策划,统筹兼顾,走联合道路,实现资源共享,加快我国数字图书馆的数字资源建设。数字图书馆的资源建设必须在一定区域内组建集指导、规划、协调、管理于一体的数字图书馆联盟工作委员会的决策组织机构,具体负责发展规划和实施方案,深入调研本区域内数字化资源的建设现状,掌握在建数字资源项目,有选择、有重点、有计划地制订发展规划,借鉴国外和我国 CALIS 联合购买数据库的成功经验,成立数字资源引进联盟,在本区域内联合购买和引进数据资源,避免重复建设;同时坚持引进数据库和自建数据库并行,资源种类多样化和多媒体的发展方向,逐步建成独具特色的数字化资源库。

3.各级政府应充分认识数字图书馆建设的重要性,将此工程纳入重点项目,除加大投资力度外,还可采取多种渠道解决资金短缺问题。在进行数字图书馆建设的过程中,除国家财政拨款外,还可以通过其他方式拓宽投资渠道,如可通过国家立法确保文献购置费的核定比例,还可以由相关的主管部门、厂商、系统商等之间加强联盟,共同想办法解决资金短缺问题。另外,数字图书馆之间的互联和资源共享也是解决资金短缺的一个重要举措。根据各个图书馆的功能和定位,确定数字图书馆的订购范围,合理规划各个图书馆的建设规模,尽可能把经费集中起来进行数字资源的整体建设。

图书馆资源建设有法可依。目前,国内对数字图书馆的版权问题,从法律上进行了广泛的研究和探讨,在理论、实际操作和技术方面都提出了一些解决问题的方案。在知识产权问题上,加强了数字图书馆用户的权限管理,运用技术手段防止未经同意就使用著作权人的作品,如通过数字水印、数字签名、加密等一些先进的技术保护了著作拥有人的合法权益,从而实现版权所有者与数字图书馆的"双赢"。

4.重视人才队伍建设,以各种不同方式引进、培养人才,建立一支适应数字化图书馆发展的专业技术队伍。数字图书馆建设是一项高新技术,要求图书馆工作人员不仅要懂得图书情报的专业知识和学科专业知识,在计算机操作、新技术应用、网络驾驭能力、外语水平、公关交际能力等方面都要具有一定的水平和能力。图书馆工作人员应由传统的服务人员转变成数字化的"信息中介人""信息导航员"或"学科信息专家",成为信息资源的开发管理者和组织传播者。因此,图书馆必须高度重视培养和引进高素质人才,采取各种方式加强工作人员的素质教育。一方面,对现有图书馆工作人员进行继续教育,进行有计划业务培训,提高其学历层次和业务水平;另一方面,可制订引进紧缺人才的计划,通过内培外引,建立一支适应数字化图书馆发展的高素质人才队伍,促进数字图书馆水平的不断提高。

图书馆读者服务工作概述

读者服务工作,又被称为用户服务工作,是指图书馆文献的使用和服务工作,如文献借阅、宣传、阅读推广、参考咨询、文献检索、网络服务等,以及读者发展、研究、培训工作。此外还包括科技查新、专利查新、专题信息服务等信息工作。图书馆读者服务工作以"读者第一,服务至上"为服务宗旨,为师生读者提供所需要的文献资料,以满足读者需求,并在此过程中发挥人才培养、科学研究、社会服务、文化创新的作用。读者服务工作是图书馆工作的重要工作,是连接图书馆与读者的纽带,是图书馆服务性质的体现。近年来随着信息技术发展与科学技术推动以及各种应急突发状况的出现,师生读者对图书馆的服务需求也发生了较大的变化,为适应这些变化以更好地服务读者,图书馆需要主动积极地提升自身软硬件条件,时刻掌握读者需求动态,及时调整读者服务内容。

第一节 图书馆读者服务工作类型

一、借阅流通

图书馆服务的用户主体为具有一定科研能力和学术研究能力的校内师生,这部分读者对于文献信息的需求普遍较大,而图书馆馆藏资源是有限的,在解决和调整有限馆藏与无限需求的矛盾过程中,需要流通借阅工作来进行调节。文献的借阅流通方式有很多,包括图书外借、馆内阅览、馆际互借等方式。

(一)图书外借

图书外借服务是图书馆流通服务最传统的方式之一,是指读者将图书馆馆藏资源借出图书馆使用,并在一定期限内归还。读者通过图书外借的方式,可自行安排阅读的时间、内容,不受图书馆的开放时间与阅览空间限制。图书馆鼓励读者的借阅行为,但与此同时也强调借阅规则。一般而言,图书馆都会有明确的读者借阅权限与外借规则。有一些图书馆会根据读者类型的不同,设置不同的借阅权限,这一不同主要表现为教师和科研人员的借阅权限在借阅册数、借阅周期上多于学生,研究生又多于本科生,如中南财经政法大学图书馆,通过上调借阅数量的方式解决了读者借阅需求,但在借阅权限上仍有差异:在调整前本科生每人仅可借5册书,研究生和教职工可借15册书,调整后则本科生可借15册书,研究生、教职工可借25册书;有一些大学图书馆各类型读者权限的差异表现为借阅期限的不同,如武汉大学图书馆,教职工、博士生的借阅期限为90天,硕士生60天,本科生为30天。

(二)馆内阅览

馆内阅览是指读者将所选图书于图书馆阅览室内进行阅览的行为,这一行为强调图书馆内可提供的阅读空间与阅读服务。馆内阅览看似是一项读者自身的阅读行为,实际则是图书馆基础服务工作的体现,主要包括为读者提供舒适的阅览场所、对师生的阅读开展指导、对图书目录进行编排、对图册进行整理等工作,使读者的阅读效益得以提升。图书馆的阅览服务主要包括三方面内容。

1.科学的阅览空间

图书馆阅览空间是充分考虑纸质资源与数字资源存储和利用的需求,以及读者的阅读需求而建设的。图书馆内的中央空调、无线网络、阅览空间、交流空间、休闲空间等都是为了让读者有一个良好的阅读环境。通常图书馆会在入馆位置设阅览服务大厅,内设检索处、咨询处、借还处、办证处等,并在大厅摆放或悬挂馆藏分布图、读者导引图。阅览室工作人员需要通过排架、整架的工作让书籍排架整齐有序,图书架牌要美观醒目,并根据读者需求,标注库室名和起止分类号等,便于读者查找文献,同时阅览室要有宽敞明亮的空间、舒适的桌椅、整洁干净的环境、安静且舒畅的气氛。休闲区摆放的花草、盆景,能给读者提供美化的环境,营造良好的阅读气氛,陶冶读者的情操。除阅览室外,越来越多的图书馆还有学习共享空间、数字资源阅览空间供读者使用。

2. 完善的文献资源

完善的图书资料能够更好地契合读者的使用感受和心理需求,满足读者自我学习与群体阅读、协作创新与研究交流等多样性需求。图书馆的文献资源体系清晰、完善,读者在使用过程中能够对图书馆的整体馆藏情况以及各个阅览室的藏书类别情况等有一个清晰的了解,同时便于工作人员对图书馆的管理。目前大部分在进行文献资源分类工作时,都采用《中国图书馆图书分类法》,简称《中图法》进行图书分类,它的标记符号采用汉语拼音字母与阿拉伯数字相结合的混合号码。即用一个字母表示一个大类,以字母的顺序反映大类的序列,字母后用数字表示大类以下类目的划分,数字的编号使用小数制。分类以"从一般到具体"的"总-分"原则将图书分为五个基本部类、二十二种大类。

3. 及时的图书推荐

图书馆除了提供文献资源"藏、借、阅、检"的基本服务以外,还需要承担学术研究和创新实践的教育职能,以及优秀文化交流与宣传的职能,因此图书馆还承担着各种图书资料的及时推荐与宣传工作。由于图书馆资源种类繁多,面对大量的图书资源,读者在短时间内很难及时、充分地查询到所需要的图书资料,这就需要图书馆工作人员及时做好对新书、好书的推荐与宣传工作。例如,通过设置新书展架、公众号好书推荐专栏、馆内出版物等方式将新书、好书推荐给读者。

(三)馆际互借

馆际互借是指为了满足本馆读者的需求,图书馆之间或图书馆与其他情报部门之间进行的一种特殊的外借服务,包括图书的借入与借出。它与"文献传递""馆际借书"等业务一样,都是为平衡读者日益增长的文献需求与图书馆有限馆藏资源之间的矛盾。互借范围目前也已经由区域内图书馆互借发展为国与国之间的馆际互借,这些服务打破了传统上读者利用馆藏资源的界限和范围,实现了真正意义上的资源共建共享。

二、参考咨询

参考咨询也称为"信息咨询",是读者服务工作的重要组成部分。图书馆参考咨询工作一般都是围绕读者所需文献资料进行的。当读者在研究项目和课题的过程中提出问题,图书馆馆员需要利用自身的专业知识为读者提供文献资料的途径使读者获得知识或信息来解决问题。参考咨询工作主要包括文献信息工作和咨询问答工作两项内容。

(一)文献信息服务

文献信息服务主要是指图书馆工作人员根据用户学习、科研专业和课题,搜集、编制、整理各种专题性的书目、索引、文献供用户参考。一般来说受理这类参考咨询工作的步骤如下:

1. 受理咨询。主要是甄别和判断咨询的范围与内容,分清问题的本质,确定采用何种方式解答。

2. 调查研究。根据读者的目的和需求查阅相关的资料,对读者的课题计划和需求进行调查了解。

3. 查找答案。确定检索目标后,明确检索内容,进行实质性的文献检索活动,馆员可以利用自身的专业知识对文献进行适当的二次加工,比如,修改和补充文献内容。

4. 答复咨询。需要指出的是,馆员获得咨询答案后,要审核内容的准确性、可靠性及权威性,确保所提供文献资料的合法性,不能侵害他人的知识产权,要标明文献出处。

5.登记入档。每次咨询完成后要进行入档登记,填写好咨询人的相关信息,比如,读者姓名、工作单位、从事行业、咨询内容、答复内容、提供答复的文献目录、答复人的姓名、日期及入档日期等。

(二)咨询问答服务

咨询问答服务通常是通过口头或者书面的形式解决读者提出的问题,这一工作主要体现在咨询台、留言本、网络平台等。负责咨询问答的图书馆工作人员需要具备一定的专业素养,在第一时间对读者咨询的有关图书馆使用、资源查找、预约服务等内容进行准确、及时的回复解答。承担咨询问答工作的馆员需要履行"首问负责制",即读者最先咨询的馆员要全程为读者服务,必须负责读者的接待、问题受理、与指引部门对接等工作,在此过程中不可对问题模糊回答、不可对责任推诿。咨询问答工作需有始有终,最终以达成读者需求为服务的结束点。

三、文献检索

文献检索服务是图书馆根据读者对文献的要求,按一定的检索途径和系统标识,从大量文献中挖掘出有价值的信息,并进行二次加工、整理,匹配与读者需求相关且有价值的文献的一种服务活动形式。文献检索主要包括收集和整理各种参考性或通报性的书目、索引、题录、文摘、快报等二次文献,其服务实质是文献资料的查找服务工作。开展文献检索的目的是在海量信息中更加快速精准地向用户提供他们所需要的文献信息资源,以帮助用户节省查找文献信息的时间与精力,因为这一工作在科学研究活动中担任重要的角色。参与检索服务的人员本身应是具备一定学科专业素养的图书情报服务型人才,他们代替科研人员参与文献查找工作,能快速获取读者所需要的国内外相关文献资料,最初这类工作人员的检索方式是手工检索,随着检索技术、数据库与软硬件平台的发展,目前已发展到利用现代设备进行自动检索,但手工检索是其他检索的基础性工作。

(一)检索的一般方法

文献检索方法多种多样,但常用的主要有三种,即直接法、追溯法、综合法。

1. 直接法

直接法又被称为常用法,是直接利用检索系统和工具进行所需文献的检索,也是读者和馆员常用的检索方法。这种检索方法依靠完善的检索服务系统,并按照检索活动规定的范围、程序、途径及标识进行检索,包含顺查法(按文献产生的时间先后顺序由远及近,并根据读者需求进行文献检索的方法)、逆查法(按文献产生的时间先后顺序由近及远,并根据读者需求进行文献检索的方法,此方法可以查到最新的内容和信息)、抽查法(不按文献产生的时间先后顺序,只根据读者需求有针对性地进行文献检索的方法)。

2. 追溯法

追溯法是不利用或依赖文献检索系统,而是通过利用文献著录的参考文献,追溯查找需要的文献,从而获得更多、更全的文献资料,是一种最简便的扩大信息量的检索方法。这种方法通常在检索条件或相关要素缺少的情况下采用,依据文献之间的引用关系这一方法也可以获得较好的检索结果。

3. 综合法

综合法是一种既直接利用检索工具和系统进行有序的检索,又通过相关的参考文献追溯查找需要的文献,因为也被称为"循环法"或"分段法",其实就前两种方法的交替使用。首先运用直接法检索到一批文献,再以这些文献的参考文献、书目为线索进行查找,不断循环,直到找到读者满意的文献为止。该方法的优点是可以保证文献的检索活动顺利完成,提高文献的检准率和检全率。

(二)检索的途径与标识

文献检索是根据读者对文献资源的需求,按照一定的过程、步骤及途

数字时代图书馆读者服务工作拓展与创新

径来检索文献。图书馆可帮助读者对需要检索内容进行分析和研究,选好检索的方法和工具,确定检索的途径与标识,以便准确检索。文献检索的途径一般有以下几种。

1. 内容途径

内容途径包括分类途径和主题途径。分类途径主要是按照学科的分类体系进行文献检索,常用的检索工具是图书分类法、文献资料分类索引等。主题途径是按照主题词的体系进行文献检索,适合查找内容和主题明确的项目和课题相关文献,满足读者对相关或相近主题文献的检索要求。常用的检索工具有主题检索、关键词检索、叙词检索、单元词检索等。

2. 著者途径

著者途径是根据文献已知的著者的姓名、笔名、单位等检索文献,通常包括个人著者、集体或团体著者、总编等。这种检索途径专指度高,能准确地检索和查找相关著者的文献与所需要的资料。但是,科研项目或课题通常都需要大量的文献,仅靠检索个人或团体文献远远不够,因为,著者途径不能作为文献检索的主要途径和常用途径。

3. 特殊号检索途径

特殊号检索途径是根据已知的专用或特殊号码检索文献资料,比如,专利号、标准号、科技报告号、合同号、证书号等。

4. 其他检索途径

其他检索途径包括利用某学科的专业知识进行文献检索,比如,利用地名索引、动物名称索引、植物名称索引、分子式索引、药物名称索引等进行文献检索,是很好的辅助性检索途径。

四、教育培训

图书馆用户教育培训是图书馆开展的培养师生用户利用文献信息意识和能力的教育,培训的目的是帮助师生了解文献信息基础知识、图书馆馆藏内容、图书馆服务内容,在掌握文献检索和利用的方法的同时,增强师生的信息素养。目前图书馆普遍开展的用户教学项目有:文献检索课、嵌入式培训、新生入馆教育、预约培训、专题讲座等;采用的教学和培训方法主要为:学分课程、培训讲座、参观访问、知识竞赛等;教学的内容包括:文献信息检索、学校图书馆概况、专业文献信息检索、数据库使用以及其他有助于学习与实用技能提升的内容。

(一)文献检索课

文献检索课一直都是图书馆进行信息素养教育的最主要方式,从1977年湖北医药学院最早开设文献检索课以来,该课程开设比例已覆盖所有"双一流",且超过70%的图书馆都已经开设至少一门以本科生为对象的信息检索相关课程。图书馆文献信息检索课程也因其开设时间早、课程内容丰富、课程体系完整,具有大量的受众群体,是图书馆不断完善与发展的重要教学模式。

不同类型的对文献信息检索课程的设置有所不同,有些图书馆对授课群体做出区分,如武汉大学图书馆面向本科生开设的通识教育选修课程有《人文社科文献检索与数字化分析》《数据素养与数据利用》《信息素养与实践》,面向硕博研究生的课程为《学术道德与学术规范》;而有些则是面向全校各年级学生统一开放课程,如北京大学图书馆开设的《电子资源的检索与利用》,本科生与研究生都可以在各自选课系统中进行选课;有一些因专业性质不同,将文献信息检索课程细分为了文科与理科,如清华大学图书馆在开设的8门信息素养教育基础课程中,按照学科信息资源的特点将"文献检索与利用"系列课程分为了化工、理工和社科三类;还有一些则针对自身优势学科开设专门课堂,如复旦大学图书馆开设了《医学文献检索与利用》,专门讲解医学信息检索与利用基本知识。通常文献信息检索课都作为图书馆开设的通识性选修课程,学分设置为1~2学分。

(二)培训讲座

图书馆进行培训讲座的方式多种多样,其中定期系列讲座和预约定制讲座是最为常用的方式。图书馆会在每学期初完成学期讲座计划并通过网络平台举办讲座预告,通常定期讲座的内容都会围绕主题由浅入深进行。

预约定制讲座是图书馆根据各院系师生的需求,在各学院预约前提下为该学院师生安排的讲座,这种类型的讲座内容一般以学院教学科研内容为基础,具有较强的专业指导性。图书馆授课团队在接受预约后,需要有针对性地对预约学院专业、课程与学生基础进行调研,并结合调研结果设计授课内容,授课方式通常以学科基础信息检索讲座和"嵌入式培训"进行,预约定制讲座工作一般由图书馆学科馆员完成。

(三)新生培训

为了帮助大一新生尽快融入大学学习环境,图书馆会组织开展针对新生的"新生入馆教育",通过印制和发放图书馆宣传资料、预约新生讲座、开设"新生专栏"的方式,帮助新同学尽快了解图书馆布局、熟悉图书馆资料、服务及利用方法。针对新生的培训内容一般以了解图书馆空间、图书馆自助设施、图书馆网站使用、馆藏书目检索系统使用、借还书方法、数据库查询等为主,一些图书馆会将PPT课件或者视频放置在图书馆网站供同学们自行学习。复旦大学图书馆在设计新生教育课件时,不但设计了普适版课件,还针对不同学院设计了不同的PPT课件,值得一提的是复旦大学图书馆还针对留学生设计了专门的英文翻译版新生教育课件。

第二节 图书馆读者服务工作现状

一、图书馆读者服务工作的特征

(一)传统服务方式弱化

随着信息技术的发展和数字媒介的不断更新,在新媒体环境下,读者阅读方式和阅读内容由传统的纸质文献借阅流通量逐渐被线上读物替代,图书馆读者服务工作较之从前呈现出比较大的变化,比如传统的文献信息传播方式、文献资源载体形式以及读者需求满足方式逐渐从单一信息向多源信息转化,从面对面服务向线上智能服务转化。

传统的图书馆读者服务工作是以图书馆馆藏资源为主导的,图书馆通过馆藏资源建设,吸引读者入馆借阅,这一过程中,图书馆是资源持有方,在服务中处于主导位置。随着信息化水平的提升,信息获取的方式、载体都发生了巨大的变化,读者通过网络、电子设备就可以查询到海量信息并不受时空限制随时阅读,在这种趋势下,图书馆仅靠馆藏资源对读者进行吸引的能力变弱;此外,在传统环境中图书馆提供给读者的空间资源只有阅览室、自习室,随着读者对阅读、学习条件的要求不断提升,图书馆阅览功能开始向"共享空间""智慧空间"等方向发展,这对图书馆软硬件建设提出了新的要求。

(二)数字化服务程度提升

数字化时代背景下,图书馆读者服务工作也在不断创新发展,一方面读者可以借助数字化信息检索平台进行所需文献资料的查询并准确获取在馆信息,另一方面图书馆员也能够利用大数据、5G、区块链、人工智能等"新基建"重点建设项目的技术手段对各类图书资源进行整理、分析、存储和管理。在这一背景下,各图书馆建立了数字图书馆联盟,通过数字平台实现区域内或联盟范围内的数字资源共享,读者则可以足不出户,仅使用电子邮件或馆际互借的方式,获得国内外图书馆资源。可以说,数字赋能读者服务工作大幅提升了读者的阅读体验感,同时也提升了图书资源处理的信息化水平。

(三)个性化服务内容增加

在图书馆读者服务工作的开展中,以人工智能、VR等技术为代表的"智慧化"服务正在发挥越来越大的作用。在传统的图书馆读者服务中,读者只能选择图书馆现有的可以提供的服务,比如借还书、听讲座、出具检索报告等,这些工作内容都是图书馆可以提供的一些非常基础的工作,与读者之间的互动性、交流性不足,是一种图书馆与读者双方都较为被动的工作。但随着"智慧化"服务的增加,读者不仅可以主动联系图书馆寻求各种帮助,图书馆也可以通过精准的用户画像和情境感知主动对读者信息进行预判,为读者提供更具使用价值的信息资源。

二、图书馆读者服务存在的问题

(一)服务经费短缺

近年来部分因为财政预算压力,为图书馆划拨经费越来越少,因为经费的不足导致大量需要购置的图书无法购买入库,进而导致图书馆难以为教师教学和科研、学生学习与研究提供强有力的支撑。文献资源购置费用的短缺所导致的服务内容不完整、服务质量降低等问题,成为影响图书馆读者服务质量的重要因素。

(二)服务模式陈旧

虽然技术的发展促使部分图书馆在服务模式上不断探索与创新,但大部分图书馆由于受到经费、资源、技术等因素的影响,导致图书资源采购不足、馆藏图书种类受限、馆际互借困难等基础性工作难题都无法解决;同时,也因为师生读者的个性化信息服务需求的持续增强,但图书馆数字化建设和发展却相对落后,无法实现图书馆服务的数字化转型,这也致使读者服务模式相对而言还比较落后,许多高等院校的读者服务工作依旧采用的是传统形式,这样难以最大限度上满足读者多样化的阅读需求。

(三)图书利用率低

随着数字化、智慧化社会的不断发展,师生的学习生活方式也发生了变化。在不受时空限制的电子阅览更受欢迎的今天,读者们增加了除图书馆以外的更多获取信息资源的场所和设备,这些新的阅读模式在给读者带来便利的同时也导致图书馆纸质图书的利用率大幅度降低,这给图书馆包括纸质图书资源在内的建设工作带来了挑战。当前图书馆为了满足教育部评估基本指标的要求,在降低购置经费前提下只能通过减少购买量、降低购买价格等方式进行资源采购,但这样的采购方式无法满足各个不同专业师生的阅读需求;另外,由于图书馆馆舍环境的改造并不能一次性完成,更加智慧化的阅读空间因数量有限也无法满足读者进馆需求,这些服务上的欠缺也无形中影响了读者的借阅体验,影响了图书利用率。

第三节　图书馆读者服务工作发展路径

一、重视服务理念的更新与运用

图书馆是服务师生教学、科研的重要部门,是文献信息中心,也是新思想、新理念的集散地,图书馆要及时更新并运用贯彻最新的管理理念,提供给师生读者最优质的服务体验。首先,图书馆管理人员要主动学习与了解行业动态和咨询,通过学习交流成为图书馆管理建设的"行家";其次图书馆馆员要始终坚持以人为本的服务理念,保持热情、真诚的服务态度,全面提升读者对于图书馆服务活动的体验感和满意度。

二、创新和丰富服务内容与方式

读者服务方式得到有效创新后,读者将获得全新的读书体验。要想提高读者服务质量,也必须对读者服务方式进行改革创新。随着科技的不断进步,图书馆也要对信息技术的优势进行充分利用,摒弃传统服务方式所存在的缺陷,对读者的群体范围进行积极拓宽,为读者提供个性化更强的读书服务。比如,图书馆可以在网站以及图书馆网站中设置阅读推广的专用通道,读者可以自主进入到阅读推广专用通道内查询自己感兴趣的图书活动,同时也可以在网络平台上直接完成图书的预约或者图书的借阅,为读者提供充足的读书信息。通过这样的方式,读者的时间得到了有效节约,既方便了读者阅读,同时又对读者的阅读需求进行了满足。

在纸质馆藏推广的同时,图书馆还可以将传统纸质文献优势与数字资源优势进行结合,为读者提供更加多元化的资源,满足不同读者的不同需求。在新媒体快速发展背景下,图书馆要善于利用新媒体的优势来对自身进行大力宣传推广。比如,利用微信、微博、抖音等新媒体平台,向读者推送优质书籍介绍以及图书馆组织的各种活动安排等信息,创建读者交流群,通过这样的方式来培育读者,带动更多读者借助图书馆资源来实现自身素养与学识的提升,同时也能强化读者之间的相互交流,读者在交流过程中,不仅能交换阅读体验,更能燃起读者热爱图书阅读的激情,有利于图书馆更加高效地开展阅读活动。

三、提升馆员服务水平与服务意识

在传统的图书馆读者服务工作中,许多图书馆形成了一种被动型服务传统,馆员服务读者的积极性和主动性非常低,甚至躲避读者,这种等待读者上门、服务方式封闭的服务模式亟须改变。图书馆应该在一切以读者为中心的战略规划下,完善馆员组织与管理,通过对馆员进行培训的方式,提升馆员的智慧化服务能力与创新服务能力,通过馆内业务培训与业内业务交流的方式增强馆员的专业素养,提高管理效率,逐步实现读者服务的科学化和规范化发展。

在提升自身服务水平的同时,馆员还应该有敏锐的服务意识。随着大学生读者对图书馆服务需求的不断变化,馆员在及时发现和了解读者需求的同时可以主动提出解决方法,化被动为主动地为读者服务,这种主动的服务方式能够帮助图书馆了解师生读者的服务诉求,使图书馆在提供读者服务过程中能够更加准确地满足用户需求。图书馆通过不断提升馆员服务水平和服务意识的方式,才能为读者提供高质量的服务。

四、改善图书馆服务环境和设备

图书馆除了能够提供读者文献资源服务,还应该通过对馆内环境建设提供给读者舒适的空间服务。随着读者需求的不断变化,图书馆空间利用与环境升级需要顺应读者的需求完成从"图书—阅读"到"空间—交流"的转变,因此图书馆应该强化空间规划与设计,以期满足各类读者对于学习空间的需求;另外,光线、温度、色彩和网络、桌椅、电源等软硬件设施的建设与管理,也是图书馆提升服务环境的重要环节。

第三章

图书馆读者研究

第一节 图书馆读者服务的理论基础

一、读者心理研究的内容

"读者心理学",是图书馆读者心理学的简称。读者心理学是一门研究读者在利用图书馆过程中的心理现象和心理规律的科学。俄国图书馆学家鲁巴金,在20世纪初开始使用"读者心理学"这一名词,但把读者心理学作为一门独立的学科来研究还是近几年的事情。图书馆学研究者对读者心理学的概念、研究对象、研究内容、研究方法及其作用等,展开了广泛深入的研讨,使读者心理学逐渐发展成为图书馆学中一门新的分支学科。关于读者心理学的学科性质,有应用心理学、综合性学科两种观点的争论。普通心理学一般研究人的心理现象及心理规律,而读者心理学是在掌握普通心理学的基础上,通过人的正常心理活动,来研究读者利用图书馆时的特殊心理现象。两者是共性与个性的关系。

读者是图书馆工作中重要的因素,图书馆是满足社会文献需求的社会实体。社会的文献需求,体现在读者的需求上,没有读者图书馆就没有存在的价值。读者利用图书馆的状况,决定着图书馆社会功能的发挥。读者的感知、情绪、情感、兴趣、能力等,影响着读者对图书馆的利用,为了提高读者服务工作的质量,使读者更有效地利用图书馆馆藏,图书馆工作者必须了解读者心理。图书馆工作者要了解、认识读者的心理特点、规律,并将之运用于图书馆实践活动中。

读者心理现象,是以它的特殊形式表现出来,并反映出一系列复杂的心理活动,它直接反映出读者对图书、报刊、文献的感知、欣赏、评价态度,也同样直接反映出读者对图书馆的服务艺术的感知。读者所表现的能力、性格、气质等心理特征的差异,是形成读者不同的阅读需要、不同的阅读动机与购买行为的重要原因。读者心理现象的两个方面——心理过程和个性心理(个性心理倾向和个性心理特征)——是密切联系着的。要深入了解读者心理,必须对读者心理现象的两个方面分别进行研究。通过对读者阅读及购买心理过程的分析,掌握读者心理现象的共性;通过对读者个性心理的分析,找出读者心理现象差异的规律。同时,还要把读者心理现象的各个方面结合起来进行考察,才能较好地揭示读者心理。

一般来说,读者心理研究的是在图书馆资源利用活动中各类型、各种成分读者群的心理现象。它包括整体读者群和个体读者群,研究他们在利用图书馆时,所表现的心理现象和心理特征,揭示读者行为的内在原因及其规律。

特定的研究对象,决定了读者心理研究的内容。

第一,研究读者在图书馆活动中的认知心理现象。认知心理是读者对文字的载体形式、文字符号及信息内容的感觉、知觉、记忆、思维等一系列心理活动过程。它是读者接收信息、理解并吸取文献内容的重要心理基础,对读者文献认知心理的研究,旨在揭示读者获取文献、使用文献的内部心理机制。

第二,研究读者阅读的心理意向活动。读者阅读的心理意向活动,主要是指受读者的先天特性和后天社会条件的影响而形成的带有鲜明个性倾向性的阅读需求、阅读动机、阅读兴趣、阅读能力等。读者的心理意向活动,对阅读的认知过程起着调节和支配的作用,如果说读者的认知心理可以使读者接收信息、学习知识、掌握客观事物发展变化的规律性的话,那么读者阅读的心理意向活动,则对读者的阅读起着直接或间接的推动和调节作用,它能够使读者的阅读活动更具有目的性、方向性和主观能动性。它是读者实现阅读认知过程的必要心理条件。对读者阅读的心理意向活动进行研究,旨在掌握读者阅读活动中的各种心理特征。

第三,研究读者心理与读者服务工作之间的关系。读者心理现象不是孤立的社会现象,它必然要受到社会发展现实的制约,读者心理与读者服务工作之间客观地存在着相互影响、相互作用、相互制约的辩证关系。读者服务工作,只有在掌握了读者心理特征、适应了读者心理需要的基础上,才能体现其工作的针对性与有效性。否则,就可能出现盲目性,会造成失误。因此,对读者心理的研究,应通过对读者在图书馆活动中的心理现象、心理过程和个性心理特征的研究,揭示读者服务工作与利用图书馆资源之间的相互影响、相互作用的辩证关系,从而积极引导读者和服务工作沿着社会主义物质文明与精神文明建设的方向,协调一致地向前发展。任何读者心理的研究,都应以特定的时间、空间和社会历史背景为条件,脱离大环境的读者心理研究毫无现实意义。

二、读者心理研究的方法

研究读者心理学的方法,同一般心理学的研究方法有相同之处;同时,结合图书馆的实际情况和工作特点采用的研究方法也有独特的地方。目前,读者心理研究使用的方法不外乎有以下四种。

(一)观察法

观察法是研究读者心理学最简单的方法,也是最基本的方法。此法简单却不易行,它要求图书馆馆员在日常工作中有计划、有目的地对一些读者进行长期的观察和跟踪服务,通过对读者阅读行为的细心观察,得出读者的兴趣、爱好、能力、情绪、个性特点等感性的概念,持之以恒地统计分析大量的观察结果,总结出读者对图书资料需求的状况、概率分布及其对图书馆的其他要求。

由于方法本身的特点,决定了观察法主要用于对外部现象的直接认识,不宜用于对问题的核心内在联系的研究。必须把它与其他方法相结合进行综合判断,才能得出正确、可靠的结果。

(二)调查法

调查法分为直接调查法和间接调查法。

直接调查法又称"谈话法",是指图书馆馆员直接与读者对话,了解读者的年龄、兴趣、阅读动机和要求,还可得知读者的工作情况、家庭状况、受教育情况等。直接调查法还可以通过读者座谈会的形式,征求读者对图书馆工作的意见和要求。直接调查法的优点是:随着谈话内容的深入,从深度与广度上,图书馆馆员能够进一步了解读者的心理活动,具有快速直接的特点。

间接调查法又称"填表法",是指图书馆馆员根据拟对读者调查的内容制定表格,请读者按提出的项目逐一填写,可以填写个人的意见,也可以馆员填写群体的意见。图书馆根据表格反映的情况,进行综合统计分析,从而总结出下一步工作的重点。间接调查法具有一定的局限性,与直接调查法结合使用可以提高调查结果的准确性。

(三)分析法

分析法是对图书馆记载读者活动的有关资料有针对性地加以分析、研究,探索读者行为、心理的方法。如通过索看书单,看读者在某个时期的阅读倾向;也可抽样调查某些读者在某个阶段借阅图书的品种,分析读者的阅读要求;还可以统计某些图书的流通率,分析读者的心理需求。

有目的地对读者进行登记,掌握他们的年龄、职业等特征,根据他们对图书资料的需求,建立读者活动档案,对读者进行定期分析,以便更准确地掌握读者心理情况,并对他们进行追踪服务,更容易受到读者的欢迎。

由于不同读者需要的资料性质不同,即使同一读者或同一职业性质的读者,在不同时期的需求也不相同,因为分析工作始终处于一个动态环境中。在这种动态环境中,如何及时把握读者的心理需求对图书馆工作人员提出了更高的要求,即要有敏锐的洞察力、迅捷的反应力还要有多向思维的能力。

(四)实验法

实验法有实验室实验法和自然实验法两种形式。实验法基于以下观点:读者的情绪对阅读的心理影响是显而易见的,情绪高涨时选择明快的作品;反之,则选择灰暗的作品,以产生感情的共鸣。

实验室实验法类似于刑侦工作中的"现场回忆法",即把读者置于一个特定的环境中,通过调整灯光的明暗、噪声的大小与选定作品的感情节奏等,观察或借助仪器得到读者心理状态变化的情况,然后进行科学的数据分析,得出结果。

自然实验法是在为读者服务的实际情况下,有目的地创造某些条件,给读者的心理活动以一定的刺激或诱导,从而观察读者活动的各种表现。自然实验法具有主动性,能按照一定的研究目的,获得比较准确的资料,在研究读者阅读心理活动或读者购阅图书过程中有广泛的应用。

三、读者心理研究的意义

图书馆工作的优劣,不仅要看每天入馆借阅图书的读者人次、借还图书的册数等这些纯数量上的东西,更要看图书馆工作人员能否为读者创造条件、提供优质服务。即要从质和量两方面看问题,在最短的时间内,紧紧地抓住读者的需求和欲望,激发他们向某一领域积极钻研的热情,增强读者的开拓精神,从而使读者乐于在书的海洋里"观古今于须臾,抚四海于一瞬"。

读者心理研究有助于揭示在图书馆这一特定环境条件下,读者心理的形成和发展规律,以及读者从事阅读活动的心理机制。研究读者心理的最终目的,就是充分掌握读者在图书馆活动中的心理变化规律,从而采取有效措施,最大限度地满足读者需求:提高优质服务的速度和效率,使图书馆读者服务系统达到最佳的运行状态。具体来说,读者心理研究的意义体现在以下几个方面:

(一)研究读者心理有助于指导读者服务工作的实践,发展和完善读者服务理论体系。读者服务工作是一项学术性很强的智力服务活动,对读者心理的分析以及对各类读者需求的调查研究,都是科学性活动,需要坚实的科学基础知识作为支持。而对读者心理的研究成果,不但直接满足了读者的心理需求,还极大地丰富了读者服务的理论体系,促使读者服务工作向深层次发展。这种由实践到理论、再由理论指导实践的良性循环,正是充分体现图书馆社会教育职能和信息传递职能的有力保证。它能够引导读者发展健康的心理,控制和改变不良的心理,从而达到宣传教育的目的,提高读者服务的质量与管理水平,促使图书馆工作在国民经济的腾飞和现代化建设的进程中,发挥更大的作用。

(二)研究读者心理有助于建立科学的读者服务体系,变被动服务为主动服务。读者心理与读者服务之间存在相互影响、相互作用的辩证关系。读者与图书馆馆员之间互为主客体。图书馆馆员只有在掌握和了解读者阅读心理活动规律的前提下,才能进行充分的、科学的、有效的服务,从而积极地引导读者心理的健康发展。而从读者这方面来看,他们不是消极地、被动地接受图书馆馆员的信息传递与指导,他们也是具有主观能动性的主体,他们的阅读活动受他们自身的主观状态制约,受他们的阅读需要和阅读动机驱使。因此,研究读者在阅读活动过程中的心理现象和心理特征,以及读者心理的形成和发展规律,对于提高读者服务工作质量是十分重要的。尤其是在当前社会条件下,图书馆要扩大服务范围、加强信息服务的功能,就更需要从心理学的角度来认识读者、了解读者、研究读者、掌握读者心理需求的特点及阅读活动的规律,从而建立起适应读者需求的科学化的读者服务方法、体系,主动地为读者提供信息,更好地为读者服务,克服读者服务工作中的盲目性和被动性。

(三)研究读者心理有助于加强图书馆馆员自身的建设,改善和密切读者与图书馆馆员的关系。读者对图书馆资源的利用,实际上是一个科学交流的过程,表现为读者与文献作者在思想和感情上的交流,读者与图书馆馆员在接收信息、选择信息上的交流,其实质体现了人与人之间的相互关系。在读者与图书馆馆员的交往活动中,图书馆馆员占据主导地位,因此图书馆馆员应随时关注来自读者的借阅信息和反馈信息,了解和分析读者的阅读需要,解答读者提出的各种问题,帮助读者检索文献,校正读者的阅读倾向最大限度地满足读者的阅读需要。

图书馆馆员对于形成读者的阅读需要、强化读者的阅读动机,是一个重要的影响源;对于形成读者的优良品质,维护读者的阅读心理和检索心理的健康,指导读者的阅读活动和检索活动,起着十分重要的作用。这一切都对图书馆馆员的综合素质提出了更高的要求,使图书馆馆员更加注重自身素质的培养,进而明白做好图书馆的读者服务工作不但要掌握过硬的技术和本领,掌握牢固的专业基础知识和广博的学科知识,而且要热爱自己的本职工作,热爱读者,全心全意为读者服务,通过对读者心理的分析和研究,急读者之所急,想读者之所想,帮读者之所需,改善和密切与读者的关系,为读者的阅读活动和检索活动创造条件,激发读者潜在需求的转化,调动读者的阅读积极性,增强读者的开拓精神,充分发挥图书馆资源的作用,为读者提供全面优质的服务。

因此,全面系统地研究读者心理,深入具体地掌握读者阅读与检索心理特征,是现代图书馆读者服务工作实践和读者研究必不可少的重要内容。

第二节 图书馆读者的特点

一、读者特点

(一)学习型读者

学习型读者有一个共同的特点,就是对自己所要学习的知识都有一定的计划,都是有步骤、按阶段进行的。由于学习型读者正处在知识的学习阶段,在知识的扩大和深化上必然有一个循序渐进的过程,因此,图书馆在提供图书资料时,一方面,切忌操之过急,提供一些过于专深、超出学习型读者学习能力的图书资料,使他们难以理解和掌握;另一方面,又不能提供那些落后于他们知识水平的图书资料,使他们的学习无所进展。

此外,这种类型的读者利用书刊资料的目的没有研究型读者那么具体、明确,也不十分复杂,特别是大专院校和中等专业院校的学生,所需的书刊资料都与自己所学的专业有着极为密切的关系。

(二)应用型读者

应用型读者有如下特点:

1. 所需文献涉及的学科范围广泛,因为不同专业的用户需要不同的文献。

2. 所需文献有较大的不确定性,因为许多实际工作者所承担的任务具体,经常更新。

3. 对文献情报源的依赖不强,因为他们有许多情报来源,例如,通过社会实践和社会交往,就能获得许多有用的情报。

4. 他们经常需要具体的文献资料,例如,查找典故或语句出处,查人名、地名,核对某一事实或数据等,因此,提供咨询服务的图书馆特别受他们的欢迎。

5. 要求尽快获得所需文献情报,因为他们完成任务往往有一定期限要求。

6. 需要情报人员更多的帮助,因为他们比较缺乏利用图书情报的知识,往往不知道应从何处查找所需文献。

(三)研究型读者

研究型读者有如下特点:

1. 目的明确、事业性强,他们借阅图书是出于完成科研课题的需要,要求图书馆系统完整地提供有关该课题的全部文献资料。

2. 根据任务的进展,借阅呈明显的阶段性。一般可分为:

(1)选题阶段,通过查阅文献,了解某一领域内已有的研究课题,并了解哪些课题有现实意义,但尚待深入;哪些课题别人已有成就,需要避免重复。

(2)调研阶段,在选定课题的基础上,通过普查资料了解本课题现有的研究成果与动向,从中筛选可供参考的数据、资料、事例和方法,以启迪思路、扩大视野、形成新的知识。

(3)总结或撰写论文或进行具体设计的阶段,核对已查出的资料,进行筛选,去粗取精、去伪存真,对资料进行浓缩,在这一阶段要充分查阅原文。

(4)评审阶段,要从资料角度对研究成果进行验证,从而鉴定和审查研究成果,分类、对比、评价其学术价值和现实价值。

3. 查阅资料的时间充裕、连续性强,没有业余时间与工作时间之分。

4. 利用图书馆的方式,以在馆查阅为主、外借为辅。

(四)娱乐型读者

娱乐型读者是在学习和工作之余,为了娱乐消遣、充实精神文化生活而产生阅读需要的读者群体。由于此类读者的具体情况不同,欣赏角度、情趣和层次因人而异,其阅读没有明确的目的,只是为了满足精神享受,因此,要求阅读内容具有知识性、趣味性、通俗性、纪实性、娱乐性,并有明显的档次区别。读者抱着消遣动机、兴趣动机来到图书馆充实空闲时光,怀着恬静的心态浏览、阅读书刊。由于"兴趣"本身就是一种较易转移的心理,兴趣的焦点可能会随接触信息的多样化而转移,无刻意探究意向。这类读者一般集中于形象读物,有一定的猎奇心理,联想心理与即时体会表现较多,并要求图书馆为他们提供宽松的阅读环境。

二、读者需求分析

(一)教师读者群体

教师是教学和科研的主要力量,是图书馆的重点服务对象。一般来说,教师分为老、中、青三个年龄层次,不同层次的教师心理需求也有所不同。

1. 老年教师

他们具有丰富的教学科研经验和较深的学术造诣,是教学、科研的指导力量,他们来图书馆的目的就是得到水平较高、内容较新的信息资料,他们对于书刊的需求量较中年教师来说相对少些,但需求层次较高,表现出研究型、创造型的特点。

2. 中年教师

他们具有比较成熟的教学和科研经验,是教学与科研的骨干力量,起着承上启下的作用。他们所查阅的信息资料,大都与自身的教学和科研任务相关,面不太宽但专深、新颖、系统。其书刊需求量介于老年教师和青年教师之间,呈研究型、应用型、学习型的特点。

3. 青年教师

他们处于进修、提高阶段,是教学与科研的新生力量,是图书馆最积极的利用者,其需要的往往是有关基础课程方面的书刊或教学参考书。青年教师对于书刊的需求量大,与老年和中年教师相比,表现出学习型、求索型的特点。

教师读者群体的阅读有以下两个特点:一是阅读需要的广泛性。作为教师,他们首先是教育工作者,通过专业教育培养学生,他们不但要研究教学内容,还要研究教学方法、思想方法、学习方法等诸多与教学有关的知识内容。因此,他们需要较广泛地阅读一次性文献,不断地学习、充实和更新自我。二是阅读需要的专深性。每位教师都有自己的科研方向和科研内容,而要完成集体的或个人的科研任务,他们就必须经常出入图书馆,查阅专业性刊物,以及二三次文献,及时获取最新的相关科研成果。他们阅读目的明确、阅读范围集中、阅读内容专深。

教师读者群体的服务工作:对于老年教师,图书馆馆员应对他们优先照顾,提供最大的方便,如提供上门服务,帮助网上查找,确实做好代查代译工作等。对于中年教师,图书馆馆员应了解其授课内容、科研方向,及时向他们介绍新的科技文献资料、相关教学方面的参考书籍,尽量满足其教学与科研需求。对于青年教师,图书馆馆员应为他们提供相关的教学参考书、工具书以及与教材有关的其他辅导资料,并帮助其掌握、利用相关的文献检索工具。

(二)学生读者群体

大学生是图书馆的主要服务对象,他们是图书馆最为活跃的读者群体,他们思想活跃、思维敏捷、兴趣广泛、求知欲强,属于学习型、求索型的读者群体,他们可以划分为低年级和高年级两个层次。

1. 低年级学生

他们入学时间短,对于学校的一切既新鲜又陌生,对图书馆丰富的馆藏充满了好奇和浓厚的兴趣,但他们的知识面较为狭窄,也不懂得如何充分利用图书馆。因为,在阅读时没有明确的阅读目标,带有较强的盲目性和随意性。

2. 高年级学生

他们已经能够适应大学的学习生活,自学能力和独立支配时间的能力都大大提高。他们已经不再满足教材中提供的现成结论,因而,要求阅读观点各异、流派不同的参考图书,从中加以比较,形成自己的观点,其对于图书馆的利用,往往带有较强的目的性和计划性。

学生读者群体的阅读有以下三个特点:一是阅读需求的稳定性。专业的设置与教学计划,在相当长的一段时间内不会有大的改变,这一稳定性制约着教学用书的长远发展;开设课程与教学内容的稳定性,则决定了大学生阅读需求的相对稳定。在校学习期间,大学生都对教科书、教学参考书、题解之类的资料表现出浓厚的兴趣,社会上广泛流行的文学作品对他们也有一定吸引力。这些读者的需求,在时间、品种、数量方面,都具有相对的稳定性。二是阅读需求的集中性。这主要表现为教学用书的品种和复本的集中,借阅时间和人数的集中。即在某一阶段内,成批的学生需参考阅读某一内容或具有某一特性的图书资料。这一现象带有周期性。三是阅读需求的阶段性。大学的每个学期及每个学期的各个阶段,大学生的阅读需要都有一定的规律可循,一年级的大学生阅读的内容,除了指定的教学参考书外,大多是一般的文艺作品,到了二、三年级,自学能力和自我意识有了很大提高,开始有计划地选择专业性读物和文学专著,综合性书刊也是他们涉猎的目标;四年级的大学生已经初步掌握了所学的专业理论。阅读有关专业性文献、收集资料写毕业论文或进行毕业设计,成为他们学习生活的重心。有些学生则借阅颇有深度的专业理论书,准备考研究生。每学期的开始和期末,是学生还书、选书、借书的高峰期,写毕业论文或进行毕业设计阶段,是学生大量查阅书刊的时期。

学生读者群体的服务工作:针对低年级学生的特点,图书馆不仅要主动热情地提供服务,还要进行入馆教育,向他们积极宣传、推荐优秀图书,辅导他们有目的、有计划、有系统地去利用图书馆的信息资源,帮助其掌握正确的学习方法,并培养健康的阅读心理;而对于高年级学生来说,图书馆应主动了解他们的需要,创造条件,为他们所进行的学习内容和研究课题开展"对口服务",尽最大可能满足他们对于文献信息的需求。

3. 其他读者群体

图书馆面对的读者群体不只是教师和学生,还有相当数量的其他工作人员,这也是很值得重视的群体。这个群体的成分复杂、文化水平参差不齐。他们多喜欢阅读一些趣味性及知识性书刊,以在闲暇之余消除工作中的疲劳及排除各种事物的困扰。他们没有固定的阅读内容,因而具有很大的盲目性和多变性,其需求心理表现为娱乐型、学习型和应用型。

三、读者心理表现

(一)需求多样化

大多数读者将图书馆看作是提供精神食粮的神圣场所,他们希望图书馆的馆藏和服务能最大限度地满足自己的信息需求,希望尽可能地收集到他们所需要的所有文献,并得到完善的服务。

(二)需求及时性

随着科技的不断发展、知识的不断更新,读者都希望可以凭借图书馆这一平台,在最短的时间内查找到最新的文献信息资料,以满足其强烈的求知欲望。

(三)方便心理

读者在利用图书馆资源时,希望能用最简洁、最迅速、最有效的途径,找到自己所需的文献资料。

(四)阅读的"马太效应"心理

读者的阅读往往会受到多种因素的制约和影响,产生种种效应,"马太效应"就是其中的一种。学生的阅读倾向受这种效应制约的表现为:注重名著、名人名家的图书,偏爱热点图书,偏重热门学科专业图书等。

第三节 图书馆读者的心理和行为探究

一、图书馆读者心理

图书馆是学校的文献信息中心,以教师和学生为主要服务对象,以提供文献信息为主要内容。图书馆的宗旨,就是为教学服务、为科研服务、为读者服务。图书馆服务工作是图书馆各项业务工作的核心和目的,是连接图书馆与读者的纽带。分析图书馆读者心理的特征,其目的是为图书馆工作人员增加心理学思维,使图书馆业务工作富有心理科学的逻辑,从而充分适应现代化的要求。同时,分析、研究和掌握图书馆读者的心理特征,也是做好读者服务工作的必要条件和前提。读者到图书馆借阅书报杂志、查询数字和事实数据,是带着不同的目的的,根据观察、分析和研究可知,图书馆读者利用图书馆的心理状态通常有以下几种特征:

(一)应急心理

图书馆是广大师生进行学习和研究的第二课堂,当遇到特殊情况,诸如演讲比赛、知识竞赛、论文征集、期末考试、撰写毕业论文等,读者就大批涌进图书馆,纷纷借阅同一或相近的图书资料,以致馆藏文献供不应求,从而造成拒借现象的出现。解决这一矛盾和问题的最好方法,便是相关推荐和馆内集体查阅。

根据观察可知,图书馆读者借阅的一般规律便是随着教学计划的进展和学习进度的先后,周而复始地呈现出"波峰"和"波谷"现象。例如,刚开学和期末阶段,学生读者到图书馆人数相对较少,而每当六七月份,为了做毕业设计、撰写毕业论文和论文答辩,学生们则大量集中到图书馆查阅。正是由于学生读者这种规律性的应急心理所表现出的借阅现象,图书馆的读者服务工作,尤其是流通借阅部门的服务工作有时相对忙碌,有时相对清闲。

（二）方便心理

在解决某一问题时,读者总是希望找到最快、最有效的方法,这是人们普遍存在的心理。同样,图书馆读者也具有这种力求方便的心理,他们非常希望通过某些帮助,如分类排版、目录查询、计算机检索等手段,找到适合自己需要的文献信息资料。读者到图书馆查阅图书资料时,总喜欢选择他最需要、最熟悉的资料源,诸如流通部的开架图书、各个阅览室的开架报纸杂志,以及情报资料室开架的情报资料等。

（三）求全心理

当今大学生知识面广、求知欲强,狭窄的专业知识已远远不能满足其需求,他们迫切需要学习跨领域、跨专业的知识,为自己今后的工作和发展打下基础。同时,现在社会上人才竞争很激烈,必须具有多方面的学识和实践能力,才能适应社会发展的需要。在这种心理驱动下,图书馆读者的借阅范围特别广泛,他们希望图书馆有丰富的藏书,能为之提供全面、系统的文献资料,并且,还要具有较完善的服务条件。

（四）求新心理

随着当代科学技术的高速发展,知识在不断得到更新和创新,获得最新的知识情报信息,已成为广大师生读者的迫切需要。以各个图书馆而言,一般有关计算机方面的新书一上架,读者便纷纷来借阅,不足一个星期,就全部借出。对于知识的获取求新、求快,是当今图书馆读者的重要心理特征。

(五)参与心理

读者能否真正成为利用图书馆的主体,就要看广大读者参与图书馆各项活动的情况。图书馆的读者普遍认为图书馆是自己的第二课堂,图书馆办好了,他们就能从图书馆中得到更大的收获。因而,图书馆办得好坏,是读者非常关心的事情。从读者想充分利用图书馆这一点来看,他们普遍具有参与心理,图书馆应创造条件,吸引师生读者参与馆里的各项活动,诸如帮助推荐图书、开展解答咨询、宣传辅导活动、协助管理等,以调动读者的参与积极性。如此一来,把图书馆的服务工作置于广大师生读者的协助、监督之中,从而便于提高读者工作的服务质量。

(六)逆反心理

逆反心理在一些青年读者,尤其是学生读者身上表现得十分强烈。图书馆由于种种原因,常常保存有一些受批判、被禁止阅读或学生不宜阅读的书籍,有些学生读者出于逆反心理,千方百计想要借出阅读。对于此种阅读心理,图书馆馆员一方面要把好管理和借阅的关口;另一方面则要通过图书资料的推荐、评论、宣传、辅导等活动,积极引导,使学生读者的阅读倾向转移到健康的方向上来。

(七)从众心理

有相当一部分学生读者,在某一时期和某种社会性读者群的诱导下,放弃自己原有的爱好、原有的阅读倾向,而采取与多数人一致的阅读行为,支配这种行为的心理就是从众心理。

据观察,在学生读者中,有从众心理的人很多,他们看到其他读者争相阅读某一本或某一类著作,自己也盲目地去借阅这些著作,这就造成了图书馆某些图书借阅紧张的局面,抬高了拒借率。针对从众心理,图书馆应采取种种引导方式,培养学生读者的独立意志。

(八)猎奇心理

猎奇心理似乎在某些方面与从众心理相反。首先,猎奇是某种独立意志和求知欲强的表现;其次,猎奇是故意标新立异的行为。

数字时代图书馆读者服务工作拓展与创新

据观察,学生读者中具有猎奇心理者也有相当多的人数,他们的求知欲很强,往往涉猎许多学科领域和专业范围,但也常常浅尝辄止。对于猎奇心理所表现出的借阅行为,图书馆应配合教师采取种种措施加以正确引导,过分猎奇则常常会陷入误区,而得当、恰如其分的猎奇则会收到触类旁通的良好效果。

二、做好读者服务工作的举措

以上关于图书馆读者阅读心理的分析、探讨,为图书馆根据读者的阅读心理特点、认真做好读者服务工作、提高本馆的借阅效率等提供了基础和保障。根据上述分析和探讨,应从以下五方面做好读者服务工作。

(一)帮助读者掌握检索工具

有关资料表明,科研人员用以收集、检索、阅览文献的时间,一般都超过全部工作时间的1/3。时间对任何人来说都是十分宝贵的,任何一位读者都不愿把大量的时间花费在学习、研究、学术性活动之外的辅助性工作上。他们普遍希望尽快检索到自己所需要的文献资料,针对这种心理,图书馆要积极帮助读者学会使用检索工具,帮助读者提高检索速度,缩短每一位读者在馆内的阅读时间,在目录辅导工作中,根据不同读者的不同情况,以口头形式及时回答读者的检索提问。

(二)提高读者服务水平和质量

图书馆要适应时代的发展、更有效地发挥它的借阅功能,必须突破传统的闭架、被动的借阅服务方式,积极主动地开展开架、主动的借阅方式。为达到这一目的,图书馆应在师生读者中充分做好宣传工作,图书馆馆员可主动与读者面谈,询问他们的阅读需求,图书馆可定期召开"读者座谈会",请师生畅谈想法,这些都可以了解和掌握读者的阅读需求。平时,图书馆要充分利用阅读辅导刊物、橱窗等宣传辅导工具,举办"新书、新刊介绍""馆藏介绍"等宣传活动,以引起读者关注,使他们尽快读到好书、新书,从而满足读者方便、求新心理的要求。

(三)持之以恒地做好读者教育工作

图书馆的新生读者中,绝大多数很少利用图书馆,有一些甚至从未到过图书馆。因而,他们普遍缺乏有关图书馆的知识,诸如文献分类知识、目录学知识、知识分类知识等,为了解决这部分读者检索图书资料困难的问题,图书馆要做好他们的教育工作,除了集中以讲座、授课等形式进行新生教育之外,图书馆馆员还要持之以恒地进行个别辅导,从而使新生读者逐步掌握检索知识和检索技能。

(四)与师生读者配合,提高管理水平

读者服务工作质量是与师生读者对图书馆的满意度成正比的。要使师生读者与图书馆有密切的关系,就要设法使他们积极参与到图书馆的各项活动中。可以在读者服务部门,如流通部、报刊阅览部等设立意见簿,通过意见簿可经常性地了解到师生读者的阅读需求;还可以定期召开师生读者座谈会,广泛调查、听取意见,以赢取他们对图书馆工作的关心和支持。通过以上措施,可以拉近图书馆馆员与读者的距离,对于提高图书馆服务水平和管理水平具有十分重要的意义。

(五)馆际互借,资源共享

现在,很多图书馆都面临着经费紧张、书价上涨的不利局面,致使入藏新书减少,并且复本量很少,每当师生读者对图书资料需求量较大时,如进行课程设计、毕业设计、撰写毕业论文时,图书馆便常常显得捉襟见肘,供求矛盾特别突出。如何解决这一矛盾,从而满足读者的应急需求呢?老式的"馆际互借"是一种解决办法,而最有效的途径应该是"资源共享"。随着计算机在各图书馆的日益普及,通过计算机进行联网检索,可最大限度地满足师生读者的阅读需求。

三、图书馆读者行为

图书馆为了达到持续地让学生、教师、科研人员满意的目的,就必须利用科学的管理方法,对图书馆的服务手段、服务质量加以控制和管理。

对读者接受服务的全过程进行分析,其中包括读者的心理状况分析、不同读者的阅读倾向分析、违规读者的心理及行为分析等。它能促进服务水平的提高,反思读者服务工作中存在的问题,减少书刊资料的损失,最大限度地提高书刊的使用效果。例如,读者在图书馆使用书刊过程中,违反图书馆的规章制度,造成书刊破损丢失,严重影响书刊的正常阅览流通,不仅给图书馆藏书造成严重损害,也严重制约了读者服务工作的拓展,破坏了图书馆整体范围的藏书体系和读者利益。图书馆馆员在研究读者服务工作这一框架中,不仅要分析读者服务工作中存在的问题,还应拿出相应的解决对策。因此,图书馆馆员有必要对读者的违规行为进行分析、研究,了解他们的心理特征,采取相应的管理手段,从而维护图书馆藏书体系的完整性,避免读者违规行为的再次发生。

图书馆的读者成分较为单一,就是在校师生,而主要读者群是在校大学生,他们大部分是中学时代学习的佼佼者,就他们的整体素质而言,大多数是品学兼优的好学生,然而,少数学生在中学学习过程中,只重视基础理论的学习和学习技能的训练,而忽略了综合素质的培养和人文精神的陶冶,以至于在思想品德、文明举止、趣味情操,甚至道德方面的素质未能达到相应标准。在利用图书馆的过程中,通常以违规行为表现出来。心理学家认为,人的需要、动机、行为三者之间有着密切的内在联系,少数违规读者的违规行为,是由其本身的违规动机推动的。经过长期观察,以及对违规读者的阅读心理分析,能清楚地发现种种不良的阅读心理需求会引发不良动机,而引发出的不良动机最终导致不良行为的发生。少数读者故意在图书馆阅读过程中做出违规行为,具体心理分析如下。

(一)贪欲与垄断心理导致违规行为

在大学四年的生活中,大学生有大部分时间要在图书馆度过,在图书馆浩如烟海的知识宝库中,去获取知识、完成作业、探索科研。然而,有少数大学生读者在"知识占有欲""知识垄断欲"的扭曲阅读心理的驱使下,屡屡做出一些违反图书馆规章制度的行为。例如,有的读者为占有一篇自己喜爱的文章,或在完成作业、论文时,为了独自享有某一篇文章,在贪欲与垄断心理的驱使下,不计后果地偷拿书刊、偷撕书页,给书刊开"天窗"等,导致发生阅览书刊丢失、破损等情况。经过长期观察、分析发现,这类读者在书刊的阅读过程中有着很强的占有欲,他们在违规的同时,伴有不同程度的恐慌感;他们在违规行为发生后,也都产生自责和后怕、后悔心理,但同时也存在侥幸心理。如果不对他们及时进行教育引导,他们会越陷越深,给图书馆和他本人造成严重危害。对于这一类读者除按照图书馆有关规定处罚外,还应对他们进行教育和引导。

（二）发泄与报复心理导致违规行为

大多数学生进入大学后,都能树立正确的世界观、人生观、价值观,都具备健康的心理素质和良好的品德修养。但是,个别学生由于现实与理想差距太大,观念上失调,或者对某项规章制度或某位工作人员不满往往将书刊当成发泄、报复的对象。其表现行为有故意撕页、在书刊中任意乱写乱画、将书刊偷偷带出室外等。对于这类读者,除对其进行批评处罚外,还应加以正确引导,最好与其所在院系取得联系,多方面共同努力,帮助其改正错误。否则,这些个别的学生可能对图书馆乃至社会造成危害。

（三）粗心大意心理导致违规行为

这类读者的违规行为与以上两类读者有本质上的区别,这类读者没有"贪欲""发泄"等心理,违规行为多是由于粗心大意造成的,并非故意违规,其违规的后果对图书馆造成的损害较前两类读者轻。因为,工作人员在处理上应有别于前两类读者。例如,个别读者在阅读时,常常较为随意,无意识中对图书馆的书刊造成了损坏,如无意中在书刊上圈圈点点、批批画画,甚至将书刊弄脏、弄破。但当他们事后注意到这一点,都能及时认识到自己的错误,并能加以改正。这类读者是由于自我控制力差而做出了违规行为,在大学生低年级读者占较高的比例,如果工作人员多进行引导、启发,就能够制止这类违规行为的发生。

四、治理读者不良行为的举措

通过对以上读者行为的分析,针对各种不良行为,图书馆可以采取以下几个方面的措施,以达到理想的效果。

(一)密切与读者联系

图书馆通过座谈等方式,邀请读者参与管理,使其了解图书馆的工作流程,并提出管理意见,以此加强图书馆与读者之间的联系,改进图书馆的服务质量,进一步提高书刊的利用率,减少读者违规行为。实践表明,如果图书馆与读者之间能够双向沟通、相互理解、相互信任、相互合作,那么,图书馆的各项工作将会得到很大提高。图书馆与读者加强联系的方法很多,如让读者介入图书馆的管理。读者参与图书馆的管理工作,可使读者与图书馆之间建立一种热线联系,能够将读者服务工作中存在的诸如书刊的及时上架、读者的阅读需求、书刊的内容质量等问题,及时地反馈给图书馆,以便其改进工作。由此架起了一道读者与图书馆之间相互沟通的桥梁,缩短了图书馆馆员与读者之间的距离,使读者能够理解、尊重、信任工作人员,工作人员也应将与读者之间的联系,看作是改进自己工作的重要环节,尽可能地帮助读者解决阅读中存在的困难,为他们创造坚实的物质保障。

(二)加强教育引导

大学生求知欲强,仅靠课堂教学已很难满足他们的求知欲望,经常需要在图书馆自学,他们在利用图书馆时相互学习、相互模仿、相互探讨,因而较容易形成群体效应。图书馆馆员应该利用这一点,广泛宣传图书馆的各项制度及服务范围,在阅读内容及阅读方法上加以引导,教育读者如何正确树立自己的世界观、人生观、价值观,树立良好的品德和高尚情操,形成健康向上的良好心理,达到弘扬正气,压倒邪气,杜绝违规的目的。图书馆对读者进行宣传的方式有很多,可以制作醒目的提示标牌,也可以在宣传栏及学校广播等宣传媒体上进行宣传,还可以以读书会、讨论会等形式组织读者进行讨论,对于不良行为参与评论和发表意见。另外,图书馆馆员通过对违规读者进行正面批评及教育,来引导这部分读者进一步了解图书馆的各项规章制度,并能自觉遵守,使他们懂得爱惜书刊不仅是维护图书馆的利益,还是维护他们自身的利益。创造一个良好的学习环境,不仅是图书馆馆员的责任,还是读者应尽的义务和必须具备的行为准则。通过正确的教育引导,让他们树立良好的阅读习惯,自觉地与违规现象做斗争,共同营造一个良好的读书氛围。

(三)注意处理方法

图书馆馆员在进行批评教育时,应注意讲究方式方法,一切从实际出发,注意语言的针对性,对违规读者的错误要根据性质区别对待。对一般性质的图书污损,图书馆馆员应用亲切诚恳的语气对读者进行教育、引导;对自尊心强、心胸狭窄的读者,图书馆馆员要照顾其面子,尽量不在众多读者面前使其难堪,而是采取个别教育、谈心的方式,晓之以理、动之以情,使他们乐意接受并乐于改正。当然,对于严重违规的读者,如偷拿书刊、偷撕书页等性质严重、影响面广的违规行为,图书馆馆员要对其进行直截了当、严肃尖锐的批评,并严格按照图书馆的有关规定进行处罚。在处罚过程中,也会遇到被处罚者不接受或抵制处罚的情况,在这种情况下,图书馆馆员应耐心说服,避免简单粗暴,本着有理、有利、有节的原则进行教育。当然,在必要时也可交由上级部门处理。在处罚违规读者时,一定要注意方式、方法,最终达到教育本人、告诫他人、帮助读者端正阅读态度和改正错误的目的。

(四)提高自身素质

图书馆馆员是图书馆各项工作中最活跃、最关键的因素,他们能将图书馆的办馆指导思想、规章制度等传递给读者,是知识的开发者、传递者。图书馆馆员的素质决定着图书馆工作向前发展的进程,图书馆馆员必须重视自身素质的提高,主要体现在政治素质和业务素质两个方面。政治素质是图书馆馆员的政治方向、政治立场、道德品质、思想作风的总和。作为21世纪图书馆工作者,一定要牢牢树立为人民服务的思想,树立科学的世界观,做到急读者所急,提倡无私奉献精神,有高度的事业心和责任感,以认真负责的工作态度、严谨细致的工作作风赢得读者的信赖和支持;以自身的政治素质对违规读者产生感染力,在潜移默化中起到教育读者的作用;用自身良好的职业道德和优质服务,来消除读者的逆反心理,

数字时代图书馆读者服务工作拓展与创新

消除读者的违规行为,进而消除书刊的污损源。同时,具备牢固的业务素质是图书馆馆员完成工作的基本条件,只有不断地更新知识、提高专业技能,才能使自己成为具有现代意识和具备高素质、高技能的专业人才。只有不断地提高文化素质、专业知识素质、现代科学管理素质,才能胜任 21 世纪图书馆工作。通过不断地学习,拓展知识范围,并把所学知识运用到读者服务工作中去。面对读者信息需求的日益增加,图书馆馆员应有针对性地收集、整理、归纳,并及时、准确地将这些信息提供给读者,使读者满意。

第四节 图书馆读者的需求探究

一、信息需求

图书馆读者分为本科生、研究生、教师(科研人员)和专家学者四个群体。由于读者职业、知识结构、年龄、动机、兴趣、爱好不同,其信息需求也存在差异,不仅形式多样,而且具有多种层次,并对各自的阅读有着不同层次的要求。

(一)本科生的信息需求

本科生是图书馆读者中最庞大的群体,随着网络技术的普及,本科生的信息需求呈现多样化、范围广的特点。不同专业、不同学科、不同年级的学生,需求范围大不相同。新生不太会利用图书馆,具有盲目性和从众行为;老生由于具备一定的专业基础知识,开始向专业的纵深方向发展;毕业生即将面临就业,他们更需要扩大知识面,以便更好地适应社会。本科生在校期间要参加各项考试,这期间借阅信息资料还具有集中性的特点,有时许多读者都来借阅同一类书籍,这类书籍就显得更为紧张。

(二)研究生的信息需求

研究生是高等教育中培养的高层次人才,是图书馆中重要的读者群体,在某种程度上代表着学校的教学科研水平。该群体在导师的指导下,有目的、有计划地对某一领域开展科学研究,对学科前沿知识及专业性强的学术信息的需求强烈,尤其需要与学术研究和撰写本专业学术论文相关的文献信息资料,具有目的性、学术性、实用性的特点。因此,该群体需要在图书馆查阅到与某一专题有关的书籍信息,包括原始文献的复制资料和二次文献的开发资料、期刊文献的最新报道等。

(三)教师的信息需求

教师需要在图书馆查阅到本专业或与本专业相关的最新参考资料,有关学科的课程建设、教学内容、教学方法和教学保障等信息。该群体需要的信息具有高、精、尖、准的特点,并喜欢自行收集资料,在开展课题研究方面,则更需要与本专业相关的前沿文献,信息针对性强且范围比较固定。另外,大部分年轻教师都在攻读硕士、博士学位,因为对英语、计算机等考试用书的需求也占一定比例。

(四)专家学者的信息需求

集中了很多名望高、造诣深、影响大的专家学者,大多为研究生导师和学科带头人。他们需要的是科研学术性强、理论性强,能够反映某一领域最前沿或代表国内外最新发展动态的文献信息。因此,这部分读者群需要的不仅是某一特定领域的文献,或某一特定文献中的篇章,同时,还需要信息服务部门对信息进行二次开发、增值信息,甚至是提供某一知识领域、某一单元的信息。该群体的信息需求呈现出高层次、高品位、精品化、权威性的特点。

二、阅读动机

图书馆的读者,由于他们的学历、环境、家庭、工作特点、个人的兴趣不同,阅读动机和阅读目的也不同,有的人阅读是为了学习,有的人则是为了应用,有的人是为了研究,还有的人是为了欣赏,林林总总,不一而足。

(一)学习

图书馆的读者主要是各年级的大学生,他们中有相当部分准备报考研究生或出国进修并希望在专业上能得到更进一步的深造。这类读者多半都有自己的小书库,他们利用图书馆的动机,只是想借阅一些提供大量练习题或讲解语法知识的书籍,如《海外试题集》《托福试题》《英语水平考试指南》《英语用法指南》等,以及一些专业参考书。当然,他们同时也关心自己的专业进展情况,往往通过大量地浏览专业期刊,以获取专业发展动向和趋势的信息。他们还特别关注那些专业教科书的修订情况。对于这类读者,图书馆馆员要做到心中有数,为他们推荐最新进馆的外语书籍和专业书籍,并加快这类书籍的更新速度和周转速度。

(二)应用

阅读的动机是应用的这类读者,多为工科类的学生。在课程的体系结构中,他们需要对所学知识有一定的应用能力。因为,相关的应用类的书籍,就能满足这类学生的需求。尽管他们在学校的学习过程中建立了一定的知识结构,但是他们学科的特性,使得他们要接触一些实验性的工作,因此,他们感到原来的知识结构需要充实和调整,个别的还需要建立新的知识结构。他们的阅读动机具体包括四个方面的内容:

1. 了解本专业领域内的知识更新。
2. 掌握新的技术和新的研究手段。
3. 不断地提高外语水平。
4. 掌握运用电子计算机的技术。

阅读动机是应用的这类读者,还有些是科研人员。随着科学技术的发展,他们需要学习的内容越来越多,对广度和深度的要求也越来越高,加上从事的研究领域、研究课题的不同,选择更新的学科内容和范围就会不一样。但是,无论是从事理论研究,还是从事技术研究的人员,其知识更新都必然根据自己从事的专业来确定,缺什么补什么。对于这类读者,应让他们迅速地熟悉馆藏,图书馆馆员应通过新书架和揭示板积极向他们宣传到馆的新书或印发新到的内部资料、目录。除此以外,还要帮助他们精选书刊,引导他们阅读那些专业领域内比较权威的著作和反映专业学科最新研究成果的专著。

（三）研究

这类读者多是研究生和那些有一定实践经验的青年科研人员,他们在导师的指导下,独立承担科研课题或同其他中年科研人员一起承担科研课题,他们查找书刊资料的目的比较明确,提出的问题也比较具体,多半是导师指定的书目、同行推荐的书目、书后的参考文献书目和其他的综合书目、专题书目索引等。一般来说,在课题确立以后,他们的第一项任务就是按课题的要求,详尽地收集文献资料。国外有人调查,一个搞基础理论研究工作的科研人员,完成一项研究的时间分配大致如下:查阅文献资料占整个时间的30%,实验路线的选择确定占10%,进行科学实验占40%～45%,数据处理和撰写论文占15%～20%。一个搞应用和发展的研究人员的时间分配是:查阅文献准备工作占20%～25%,设计实验方案占15%～20%,进行实验和观察占40%～45%,数据处理和论文撰写占10%～15%。上述调查表明,一个科研工作者完成一项研究工作,约有1/3的时间用于积累资料。这类读者由于学习的目的比较明确,并具有一定的专业修养,能独立阅读外文资料,基础扎实,因而要求图书馆馆员要了解他们的课题,并掌握其课题的进展情况,在开始、中期或是成果鉴定阶段(研究课题不同的阶段对资料的需求也不同),为他们代查、预约、保留、复印有关资料,并在期限、册数和服务方式方面,创造条件使图书馆变成他们信息来源的可靠基地。

（四）欣赏

欣赏各种体裁的文学作品,是以青年人为主的图书馆读者的共性要求。也就是说,他们要在阅读过程中满足个人的精神享受。心理学研究表明,青年时期是人生中最宝贵、最有特色的黄金时期,人在这个时期精力充沛、求知欲强、富于幻想,并要求丰富多彩的精神生活。从表面上看,他们看杂志、画报、小说,似乎只是为了享受,然而实际上,思想的追求、道德的追求、事业的追求、美感的追求,却在表面的欣赏过程中潜移默化地进行着。正如高尔基所说:"文学的目的在于帮助人理解自己,提高他对自己的信心,发展他对真理的志向,反对人们的庸俗,善于找出人的优点,在他们的心灵中启发着羞愧、愤怒、勇敢。把一切力量用在使人变得崇高而强大的事情上,并能以美的神圣精神鼓舞自己的生活。"那么作为图书馆馆员,就应了解青年读者在文学欣赏上有哪些特点和要求,以及他们对当前文艺作品的评价和看法,他们最欢迎哪一类的书籍等,并结合他们的爱好、兴趣,因势利导,帮助他们多读书、读好书。如果条件许可,图书馆可开展多种形式的读书辅导活动,包括新书介绍、读书园地咨询服务、心得交流、读书知识竞赛、历史知识答辩会、征文比赛、读书专题演讲会等,借以满足青年读者日益增长的对精神生活的需求,从而使他们既有高文化素质又有高尚情操。

当然,这些阅读动机并不是绝对的,有时在实际工作中也难以区分,对具体的某个读者来说,他也可能是一边学习、一边应用和研究。而且,阅读的动机和目的也会随着时间的推移而发生变化。但只要明确了他们的阅读动机和目的,图书馆就可以针对他们的各自特征,有的放矢地开展情报服务工作。

三、阅读兴趣

阅读兴趣是在校大学生学习生活的主要影响因素之一,是促进个人和谐发展的有效途径,是激发大学生成才、创业的重要动力。对在校大学生阅读兴趣的特点进行研究,不仅有助于准确及时地把握他们的阅读情况,更有助于在教育教学中培养和激发他们的积极兴趣,从而为进一步推动的教育教学改革、提高大学生的文化素养,创造积极有利的条件。

(一)多样性

据统计,目前在校大学生最喜欢阅读的课外书籍,按兴趣大小依次排列为文学类、社会政治法律类、历史人物类、英语类、计算机类、经济类、专业辅导类、生活类、科技类、军事类以及其他类型。由此可以看出,在校大学生阅读所涉及的书目种类繁多,其中对文学类读物最为偏爱,但这并不能掩盖他们阅读的多样性倾向。大学生阅读多样性的特点,是由大学生价值目标多元化决定的。价值目标多元化,一方面使大学生思想活跃,有益于充分发挥个人的聪明才智和创造能力;另一方面也可能导致大学生受不良阅读倾向的影响,沉湎于消极的阅读类型。

(二)广泛性

从天文地理到科技实例、从文学艺术到休闲娱乐,当代大学生阅读的广泛性达到了前所未有的高度。随着计算机技术的应用和普及,以及网络技术与无线电通信技术的兴起,计算机类图书的阅读热高涨起来,大学生对网页设计、网页制作、网络安全,以及介绍最新计算机技术的图书喜爱有加。另外,由于社会对经济、管理类人才的需求越来越大,此类专业招生人数猛增,从而使得在校大学生对各种经济理论、管理理论、财务会计及升学专业教材等图书的阅读兴趣日渐浓厚。所有这些,都体现了大学生阅读的广泛性特点。

(三)时代性

随着新知识和新技术不断涌现,大学生阅读的时代性特点越来越凸显出来,他们密切关注各种新事物的变化,获取各种新的信息,努力跟上时代前进的步伐。大学生对计算机新技术的关注和学习,以及对网络阅读兴趣的日趋浓厚,是他们阅读时代性特点的重要体现。此外,随着我国对外开放力度的加大,我国与世界各国的文化交流更加密切和广泛,内容新颖丰富的外国文学,备受大学生的欢迎,在校大学生还常常从网络上下载外国文学进行阅读,网络充分满足了他们的阅读需求。

(四)休闲性

大学生对文学类读物的兴趣,满足了他们认识社会、认识人生、认识生活的要求,并借以抒发和寄托自己的生活理想和表达自己对生活的憧憬,这与他们强烈的探索人生、探索生活的需要联系在一起。由于当代大学生的阅读存在很大程度上的休闲娱乐倾向,又由于网络阅读的文学鱼目混珠,部分大学生的辨别能力和自控能力很差,这就体现了这类阅读的两面性:健康有益的休闲性阅读,可以增长知识、陶冶情操,无聊消极的休闲性阅读,往往给人以不良的影响。随着图书馆的馆藏日趋丰富和多样,大学生阅读休闲类读物的负面影响日趋严重,对言情、漫画、武侠等小说的过度阅读,对他们的思想状态产生了消极的影响。因此在大学生休闲性阅读的整个过程中,我们应注意有目的地引导他们去选择好的、有意义的、积极向上的书籍。

(五)实用性

从目前大学生的阅读倾向来看,他们对图书的选择具有很强的实用性特点,越来越倾向于选择拓展知识、指导实践类的图书进行阅读。这说明随着时代的进步,大学生阅读的功利意识逐渐减弱,他们不再是单纯地为了拿到学分,而是上升到一个新高度,既是为了自身的长足发展,提高自己的综合素质,全面发展自己,培养自己的人格魅力,也是为了使自己的行为更加合理化和科学化。同时,也是为了调节机械的专业学习,并获取专业以外的知识。从大学生阅读的实用性可以看到,图书阅读已经成为大学生提高自我修养不可或缺的一部分。随着社会多元化进程的日渐推进,大学生阅读的实用性特点会更为突出。

四、阅读能力

读者阅读能力的高低,是图书馆衡量读者需求的重要尺度。因为,研究读者的阅读能力,是图书流通工作"为书找人,为人找书"的条件,是做好流通服务工作的主要环节。在图书馆的管理中,读者的阅读能力研究也是重要的部分。大学学习是由低年级到高年级,由浅入深循序渐进的过程。每一阶段都有较稳定的阅读特点,低年级学生主要表现为学习型阅读和消遣型阅读的特点,由于知识结构还未完全定型,专业思想不够稳定,他们对于专业书籍的阅读有很大局限性,而强烈的探究欲促使他们广泛涉猎各类书籍,并希望通过阅读拓宽自己的知识面,使个人的文化修养达到较高的水平。因为,低年级学生的阅读兴趣,往往与社会畅销书的流行同步。高年级的学生思想逐渐成熟,阅读能力日趋提高,专业思想稳定,专业性阅读兴趣较浓厚,会阅读大量的专业书籍。有些学生还会协助教师完成一些研究课题,或为完成年度论文和毕业论文阅读许多专业以及相关专业的文献资料等。同时他们因面临就业的压力,为了增加自身的竞争优势,他们还要有计划地阅读各种考试类书籍。因为,高年级学生的阅读多为研究型阅读和实用型阅读。

  应试教育制度下的高考的压力很大,使经历过高考考验的大学生们更加重视课本知识的学习和理解,而真正意义上的阅读则较少,对一些学生来说,甚至根本不存在自由的阅读。很多学生不具有科学高效的阅读能力,这限制了他们阅读的速度和质量,这无论对其知识结构的建立,还是社会化水平的提高,都是一个很大的限制。就大学生活本身来讲,阅读也具有重要的作用。首先,阅读是获取知识的手段。大学生处在一个多信息渠道的时代、一个多媒体的时代,每个人都迫切地需要汲取知识,高效的阅读能力对于大学生接收信息、获取知识尤为重要。其次,阅读是写作和研究的基础。在大学阶段,论文写作是大学生需要面对的一个新课题,尤其是毕业论文的写作,要求大学生大量阅读各种资料和书籍。相当多的大学生,由于自身低效的阅读能力,往往只在学校图书馆借阅5~10本相关书籍后就开始进行毕业论文的写作,并且由于不能有效提取参考书的信息,往往采用直接引用原书的文字、观点或者直接从互联网上收集相关资料,通过复制、粘贴等简单粗糙方式完成论文的写作。如果大学生注重高效阅读训练,就能在参考书籍中迅速准确地捕捉信息,并将其纳入自己的思考体系作为参考,避免毕业论文抄袭、雷同等问题的发生。发达国家很早就普及高效阅读教育,从小学生到大学生都具有极强的快速阅读能力,因为他们的论文写作必须参考大量的书籍,一般至少会参考30~50本,如果不能快速、高效阅读,并准确获得所需知识,那么根本无法在规定时间内完成自己的作业。最后,阅读是提高大学生人文素养的重要途径。《中共中央、国务院关于深化教育改革全面推进素质教育的决定》指出"高等教育要重视培养大学生的创新能力、实践能力和创业精神,普遍提高大学生的人文素养和科学素质",把人文素养和科学素质摆到了并列位置。我国高等教育通过几年的院校合并、专业调整和课程体系的改革,增加了人文社科课程,目的在于提高大学生的人文素养,但是单靠开设几门人文社科课程是远远不够的,大学生必须阅读人文、历史、社会科学书籍、博览群书、长期熏陶,才能逐渐提高自己的人文素养。

第五节 图书馆个性化服务

网络信息技术给图书馆带来了前所未有的发展机遇,图书馆如何利用网络信息技术提升文献信息服务能力,满足用户全方位、多层次的文献信息需求,是图书馆亟待解决的问题。个性化服务正是图书馆赢得发展机遇的重要选择,那么什么是个性化服务,图书馆为什么要开展个性化服务,图书馆怎样开展个性化服务呢?

一、个性化服务的内涵

个性化服务包括个性化信息服务、个性化定制服务、个性化信息搜索服务、个性化信息推荐服务、个性化信息提醒服务和个性化信息代理服务等。它是相对以往整体式服务而产生的一种新型服务方式,是在与用户的交互过程中,收集用户的兴趣、信息需求等信息,并根据收集的用户信息,为用户传递其所需信息和服务的过程。它是根据用户提出的明确要求,基于用户的信息使用行为、习惯、偏好和特点或通过对用户个性、习惯的分析而主动向用户提供其可能需要的信息、产品和服务的过程。图书馆个性化服务,就是图书馆利用网络信息技术,以读者的需求为中心,研究读者的行为、兴趣、爱好、专业和习惯,利用图书馆信息资源通过以网络为主的传输媒介,所开展的有效的、分层次的、多种类型的服务。这种服务一方面能够满足读者个性化的需求;另一方面能够通过学习、总结、推测读者的信息需求,而不断改进服务质量,提高读者的满意度。

二、图书馆开展个性化服务的必要性

(一)计算机网络、信息技术的发展,推动着图书馆服务方式的变革

网络环境的变化,给图书馆带来了信息服务方式的彻底变革,借助计算机网络能便捷地实现图书馆的信息共享、传递和利用,从而为图书馆开展个性化服务提供了可能。图书馆借助网络可以便捷地实现图书馆之间、图书馆与信息机构之间的信息资源共享,馆藏文献资源的丰富、文献检索与传递加工手段的提高,加速了文献信息交流,为图书馆开展个性化信息服务奠定了资源与技术基础。视听资料、缩微资料、机读资料的收藏和对数据库、光盘、文献的复制与传递,以及建立各种数据库的镜像站点,不断改变着读者获取信息、知识的习惯及行为方式,读者文献信息猛增与需求多样化,也促使图书馆提供新的服务方式。

(二)读者对服务要求的差异性要求服务的个性化

图书馆服务对象需求的多元化与个性化,是图书馆深入开展个性化服务的主要推动因素。教学科研人员乃至学生在创作科研论文、学术报告、学位论文时,需跨越时空界限通过网络获取自己所需的相关文献;个人网页、项目网站、学科门户及数字化文献系统全面组织的相关信息等都是读者的个性化需求。图书馆的服务对象,过去主要是本校的师生员工,读者结构比较单纯,原有的"以馆藏为中心"的传统服务就能够满足他们的需要。如今在教育形式上变得多样化,开办了各种成人高等教育班和网络远程教育培训班,以及面向社会多个部门的定向委培或短期培训班,使图书馆的服务对象在年龄、职业、性别、知识背景、所从事专业、课题研究及兴趣爱好等结构方面发生了明显的变化。在这些因素的共同影响下,读者的文献信息需求均体现出个性化的特征,以往的服务方式已经满足不了多元化需求了。这些不同层次的读者迫切需要图书馆为他们提供个性化的服务平台,以便及时准确地获得最佳信息。

(三)图书馆的发展要求服务的个性化

随着各种信息提供商及咨询机构的不断涌现,图书馆在信息界的传统主导地位受到了一定的威胁,网络使资源共享成为可能,各图书馆的信息资源建设必须向特色化、个性化空间发展,而个性化的信息资源也要求有个性化的服务。因此图书馆只有从加强自身建设,关注读者个性化需求,提高个性化服务质量的角度出发,提供具有高附加值的信息服务产品、高效的信息咨询服务和个性化服务,才能开拓更大的生存空间。

三、图书馆个性化服务的特点

有些教师既是教学骨干又是科研骨干,承担着各级各类的科研项目,为了更好地完成自身的任务,需要全面、系统、专深的专业文献信息,他们的研究过程必须随时随地补充大量的信息资源,需要图书馆提供国内外的最新学科、科研课题的前沿动态信息。读者中的大学生一方面为了完成一定专业的系统学习,需要阅读大量的相关专业文献和参考资料;另一方面为了补充课堂学习的不足、扩大知识面和满足兴趣爱好,他们要涉猎其他学科的大量文献,为将来走向社会、从事各种工作做好知识和能力的储备。因此图书馆的个性化信息服务,是指根据读者的专业特征、兴趣爱好以及独特要求等开展的信息服务,它是针对师生在教学、科研与学习方面的不同需要而进行的一种对应式的服务。

图书馆的个性化服务具有如下显著特点。

(一)层次性

图书馆的主要服务对象是教师、学生和科研人员,这些读者具有较明显的层次性,如教师可分为教授、副教授、讲师、助教等,学生也可分为博士研究生、硕士研究生、本科生等。很显然,不同层次的读者的信息需求侧重点不同,所要求提供的信息服务也有所区别。例如,对科研人员来说他们要求掌握学科的前沿发展动态,因此他们对图书馆的信息服务要求体现在查新检索上,而对教师来说,主要侧重于对教学参考资料的使用与教学方法的研究上。

(二)专业性

图书馆的服务对象是具有一定专业背景的读者,他们对信息的需求,主要集中在自己从事研究或学习的学科专业及相关学科专业上,不同学科专业的读者有着不同的信息需求,因此图书馆的服务具有较强的专业性。

(三)特色性

从服务对象上看,图书馆个性化信息服务是相对于图书馆整体服务而言的,它既可以针对单独的个体,也可以针对具有相同特征的特定群体,因为同一专业、学历等背景下的读者,有着相似的信息需求。一般来说,一所的图书馆,与其他图书馆在馆藏与服务方面都有一定的区别,这正是所谓的特色。拥有高质量的特色资源,就等于拥有自己生存与发展的空间,就能立于不败之地。由此可知,图书馆的特色服务是提升图书馆形象的关键所在,因为图书馆要有特色服务的意识,开发特色服务的产品,打响图书馆的品牌,以此扩大图书馆的影响。

四、图书馆个性化服务的内容

图书馆个性化服务主要是通过提供以下的服务内容来实现的。

(一)原始信息检索服务

网络上存有大量不需要经过任何二次加工就能利用的事实性、数据性、参考性、凭证性的信息,但这些信息大多被淹没在无用或暂时无用的垃圾信息之中,读者自己无法找到或者需要耗费大量时间才能找到,而图书馆馆员可以利用自己对网络的熟悉和长期训练形成的分类编排能力,通过对某个网站的某个栏目或某个数据库的查询,迅速、准确地查询到读者所需要的信息,为读者提供个性化的原始信息服务。图书馆信息咨询部,就是具有这一功能的服务部门,即为读者提供原始的信息检索服务。

(二)文献信息加工服务

图书馆可以进行深层次的文献信息加工服务。读者将咨询信息,发送至信息咨询信箱或直接反映给图书馆相关服务部门,该部门就会根据要求查找原始文献,进行深层次加工,形成文摘、综述、研究报告等二次、三次文献,最后通过网络传输给读者。图书馆也可以进行委托课题咨询。读者把委托课题及要求发送至信息咨询信箱,信息咨询部门将按约定把委托课题的阶段性成果、进展情况发送至读者电子信箱,直至委托课题结题。图书馆还可以进行资料翻译。读者把需求意向发送至信息咨询信箱,信息咨询部门对所获取的原版资料进行翻译,译文通过网络传递给读者。当然,目前图书馆在这方面的工作刚刚起步,还需进一步加强和提升这一方面的服务。

(三) 参考咨询服务

参考咨询服务是国内外图书馆近年来开展个性化服务的主要方式。它利用现代化计算机网络、通信技术和全球性图书馆网络资源,充分采集、分析读者在信息需求及使用过程中的特征,对其提供个性化、有针对性的服务。它包括在网上信息咨询平台上提供实时在线数据、知识导航、定题跟踪、专题论坛等服务。个性化的参考咨询服务,突破了传统参考咨询服务在时间和空间上的限制,读者可以在任何时间提取或获取信息,是一种更为灵活的信息服务和信息获取方式。在图书馆中,除了图书馆馆员与读者以直接交流方式完成咨询以外,由于信息技术与网络的应用,兴起了许多的数字化咨询方式,而且得到越来越普遍的使用,主要有网上实时服务、E-mail 服务、FAQ 服务等。网页上的 FAQ 完成有关图书馆情报知识的常规性咨询服务,不受时间与空间的限制解答一些普遍性问题,供读者随时随地查询;利用 E-mail 进行咨询的读者,可以通过 E-mail 等方式提出各种问题,图书馆馆员可以运用同样的方式通过查阅有关的信息资源,完成解答,这种服务通常是一对一的,具有保密性,又突破了空间和时间的限制,极大地方便了读者;而许多图书馆通过电子公告板(BBS)或是讨论组(group)方式向读者提供新书通报、书目推荐、专题文献述评或是文献检索的教育等服务,比如电子资源中有中文数据库、外文数据库、自建和试用数据库以及外购数据库等。

(四) 信息推送服务

信息推送服务是指依据一定的技术标准和约定,自动从信息源中选择信息并通过一定的方式(如电子邮件)有规律地将信息传递给读者或自动推送到读者桌面,是一种比较深层次的、主动地和个性化较强的服务方式。它不仅能根据读者的特性提供具有针对性的信息,还能通过对读者专业特征、研究兴趣的智能分析而主动地向读者推送其可能需要的信息。推送服务器不仅能把信息传送给读者,而且能够按照读者预先设定的信息频道和发送要求,在满足条件时,及时主动地向读者推送不断更新的动态信息,实现真正的个性化信息服务。许多图书馆尚未开展这方面的工作,希望在不久的将来越来越多的图书馆能够提供这一服务。

(五)智能代理服务

智能技术采用复杂的决策和推理反馈机制,帮助读者进行信息选择。智能代理服务是人工智能技术的典型应用,例如用于新书预订、在线书店图书预订等。不同于普通软件,它们可以快速便利地在互联网上寻找读者所要的信息。智能代理是一种能够完成委托任务的计算机系统,智能代理以及它的自动搜索处理,是一种未来的搜索引擎。未来的互联网是一种由智能代理交互驱动的网络,它通过跟踪人们的信息行为来发掘读者的兴趣与习惯,从而为读者收集信息。许多图书馆在这方面提供了一些简单的服务,如新书通告、书籍预约、在线浏览等,但还需要进一步提升服务质量。

(六)呼叫服务

呼叫服务是一种专门提供一对一读者服务的系统,这种服务是集电话、传真机和计算机等通信和办公设备于一体的交互式服务系统,有人工座席、自动语音设备等,可以直接回答读者咨询的问题,读者可以通过电话、传真、拨号接入和访问互联网进入图书馆服务系统,然后呼叫服务以满足信息需求。比如对课题服务设立热线电话,课题负责人拨通电话,提出具体的信息需求,图书馆信息人员就会在最短的时间内,利用馆藏和网络查找将信息亲自送到课题撰写人手中。目前来说,我国图书馆在这方面做得还不够,希望下一步可提供这种呼叫服务,如上门服务、借阅服务等。

(七)信息导航服务

大学图书馆、科研部门等学术科研气氛浓厚的地方,对一般的信息检索、查询都已具有较强的能力,但是,当学术资源网站业务繁忙时,要查找急需的信息资源却非常不易。读者要根据自己的兴趣,汇集众家之精华,显然是一个耗时费力的过程。这就需要一种导航式个性化服务方式帮助寻找资源。如查询学科发展最新动态、科研课题内容信息的重组与潜在信息的二次开发、解答各种学科问题、重点学科网上的收集和整序等,能提供给读者的是可利用、可借鉴、有规律、有价值的信息资源。目前学术资源类网站层出不穷,读者就想到了利用互联网交互技术让服务器自动完成这项工作,在读者和信息源之间架起一座桥梁。专业学术导航服务是将互联网上的节点,按某些主题加以归纳、分类,按照方便读者的原则,引导读者到特定的地址获取所需信息。图书馆馆员作为信息社会中的知识导航者,可以充分利用图书馆的丰富信息资源和自己的专业知识,针对特定读者开展个性化的信息服务。信息导航服务是一种非常好的网络信息整合方式,但需投入大量的人力和物力,需要的知识含量也高。目前,我国图书馆在这方面做得较好,比如图书馆网页上有信息导航、读者指南、读者服务等。

(八)在线咨询服务

图书馆可为读者提供在线的、实时的咨询服务,读者不用到馆就可以获得及时的服务。图书馆馆员可在线与读者进行即时的文字交流和语音视频交流,解答读者有关图书馆资源与服务相关内容的咨询,为他们提供实时的个性化咨询服务和定制服务。图书馆还要积极创造条件,实现图书馆自动化,依靠互联网技术,实现网上联机检索,合理配置馆藏资源和网上资源,对读者的需求进行分析研究,设计个性化服务系统,灵活、动态地定制信息资源、信息参数、信息活动过程及相关服务。目前大部分图书馆尚未展开这方面的工作,希望通过调查研究、了解教职员工的需求,增设类似岗位,提供完善的服务。

五、图书馆个性化信息服务存在的问题

通过近几年的研究和探索,图书馆个性化信息服务取得了丰硕的成

果,同时也面临着很多问题。

(一)资金问题

尽管国内一些不同程度地开展了个性化信息服务,但是,对于大多数人来说,资金不足仍然是一大难题。图书馆为读者提供良好的个性化信息服务,需要必要的技术支持,或引进国外成型的个性化信息系统,或与其他公司合作开发个性化信息系统,或组织馆内相关技术人员自主研发个性化信息系统等,这些都需要大量的资金。

(二)技术问题

基于网络的个性化信息服务的实现有赖于成熟适宜的技术支撑,虽然支持个性化信息服务的技术,如完成读者登录、身份认证、数据匹配的Web数据库技术,根据读者数据动态生成网页的网页动态生成技术,实现主动服务的数据推送技术,以及数据加密技术等已基本成熟,但是生成相对完整的方案的方法和技术,如信息融合技术、数据挖掘技术、知识表达技术等,还有待进一步研究。另外,数据格式和检索途径的差异、读者界面的复杂性和差异性,都会导致图书馆个性化服务的水平和进程受到影响。

(三)观念问题

在资源建设上,很多图书馆都给予了相当的重视,在保证纸质文献采购数量的同时,均不同程度地购买了电子图书、引进了各类型数据库,使图书馆的文献资源建设上了一个新台阶,为信息服务提供了保障。然而,大多数图书馆对开展深层次的个性化服务,未表现出很大的热情,仍然沿袭传统的、被动的服务模式,这就严重影响了图书馆信息服务向纵深方向发展的进程。

(四)读者隐私安全与保护问题

为了更好地开展个性化服务,必然要收集读者的个人信息,这就涉及了读者的隐私问题。由于个性化信息服务需要对读者的基本信息和查询行为进行基本的分析,因此有关读者日常行为、个人信息、注册信息等,都在读者个性化特征分析之中,一方面读者担心在使用个性化信息服务时,个人信息会被泄露;另一方面,读者对个性化信息系统的隐私保护技术和能力不清楚。图书馆的个性化信息服务,应该使读者相信其个人信息不会被滥用,只会用于有效满足其需求上。图书馆应该在读者中树立良好的信誉,鼓励读者提供详细的个人信息,制定出较为完善的隐私保护政策,提供隐私政策公示并提供设定读者隐私公开程度的工具和运用保证隐私不外泄的保护技术等,以便进一步满足读者的信息需求。

(五)服务反馈问题

个性化信息服务反馈问题,不仅反映了读者的满意度,而且是今后进一步开展个性化信息服务工作的重要依据。其中包括读者信息、访问频率、反馈信息等内容。通过统计和分析上述内容,可以研究读者的行为和习惯以及评价服务效果,总结和分析服务中存在的问题,为读者选择更为重要的资源,进一步提高服务质量。

(六)知识产权意识问题

图书馆进行个性化信息服务,必然会涉及大量的信息资源和电子文献资料的处理、下载和上传,而大量的信息资源、文献资料都存在作者版权保护的问题。另外,图书馆会采用一些新的网络技术,而网络技术作为一种技术创新成果,其本身的许多微观技术包括硬件和软件,也可以成为知识产权的保护对象。

可见网络环境下的图书馆工作,在很多方面都涉及知识产权保护问题。现代图书馆要不断强化知识产权保护意识,图书馆馆员也应掌握一定的知识产权规则,只有这样才能在实际工作过程中避免侵犯他人的知识产权,减少不必要的纠纷,从而集中更多的时间、精力为读者提供更优质的服务。

(七)人员问题

个性化信息服务,要求图书馆馆员具有较为扎实的专业知识与广博的学科知识、信息检索能力、对信息的整序与加工能力、计算机能力、外语能力、文字表达能力以及人文素质等。在个性化信息服务中,体现在人员方面的问题,主要有人员文化素质不高、技术能力偏低、知识结构单一等。

第四章
数字时代图书馆读者服务体系构建

第一节 读者服务体系构建需求

提出一个新的研究领域,构建一门新的理论体系,必须是以科学的态度将学科理论建立在社会需要的基础之上,因为社会的需要是科学研究活动的生命力所在。图书馆读者服务体系的理论研究,正是在社会现实需要的基础上产生和发展起来的。

一、读者服务体系的构建是读者文献交流活动的客观需要

在现代信息社会中,图书馆是传播人类文化知识的阵地,是进行文献信息交流的重要渠道,是不断向社会传播知识信息的"知识喷泉"。在这个社会的文献交流系统中,读者是一切交流环节的终端,是使该系统不断运转的命脉,它不仅影响和决定着图书馆文献交流系统的发展规模、运动方向和整体格局,而且反映着文献交流系统功能发挥的程度。

所谓"文献交流",是指人们借助共同的符号系统所进行的知识有效传递。它是人类交流活动中的一个重要组成部分。众所周知,文献是以文字、图像、符号、声频、视频等为主要手段记录的信息和知识载体,其社会价值只有在不断地交流和利用活动中,才能充分得到体现。由于文献的内容包含一定的思想、知识和信息,是人类智慧的结晶,因为就其实质而言,文献交流是一种思想的交流、知识的交流和信息的交流。通过文献

的交流,可以实现人类知识的共享,进行新的创造。文献交流是人类知识继承、创造和发展的前提,是新知识获得社会承认并被广泛利用的重要途径。一般来说,文献交流可以分为两种形式,即直接的文献交流和间接的文献交流。直接的文献交流也称为"非正式文献交流",是指读者与文献创造者之间所进行的文献交流。它主要是通过人际关系来收集和利用文献进行思想沟通。这种形式的文献交流,可以通过读者与文献创造者之间的直接对话、通信、交换等方式进行,具有明显的个体性和随机性。直接的文献交流具有以下特点:

1. 文献交流时间短。由于直接的文献交流是单向交流,读者具有明确的义献获取方向和特定的交流环境,无须通过其他中间环节,因而能够以最快的速度获得所需要的文献。

2. 具有高度的选择性和针对性。在直接的文献交流中,读者往往具有迫切的文献需求和明确的阅读目的,能够有目的地进行文献选择。

3. 需求信息反馈迅速。读者与文献创造者之间的直接交流,是一种文献的交互式定向传递,可以根据读者需求的变化及时进行修正。

4. 能够加深对文献内容的理解。读者可以通过交谈和观察等方式,了解对方的思想,加深对文献内容的理解,从而做出自己的判断和评价。

然而,直接的文献交流一般是通过个人自发的、直接联系的方式进行的,是没有组织、没有确定形式的交流,因此也就不可能成为特有的、严谨的、科学的交流体系。此外,其文献交流的范围和数量都是非常有限的,没有整个社会的监督机构来评价其文献的社会价值、客观性和真实性,既不能检验交流的可靠程度,也不能进行文献的有效积累。因为,这种建立在人际关系基础上的文献交流形式始终是一种个体的、小规模的非正式文献交流。间接的文献交流也称为"正式的文献交流",是指通过文献服务机构进行的社会化文献交流。社会文献服务机构包括以文献的收集、加工、整理、存贮、利用为主要工作内容的图书馆服务系统、档案服务系统、科技文献服务系统等。

间接的文献交流,主要是依靠文献来进行的,即通过社会化、系统化的文献流通,来实现文献内容的潜在价值。间接的文献交流,能弥补直接的文献交流形式中受时空条件、人数或范围的限制和难以进行系统化有效积累的缺陷。具体来说,它具有的特点是:

1. 文献交流的知识可信度较高。由于文献服务机构是社会的文献保障系统,其全部工作的最终目的是为文献交流提供服务,通过文献交流来实现各自的社会职能。因此,对文献的收集、加工、整理并使之有序化,形成科学的文献资源体系,是文献服务机构的主要任务。通过文献服务机构进行的文献交流,具有可靠的知识内容和科学的知识体系。

2. 文献交流范围广泛。间接的文献交流有一个比较突出的特点,那就是通过文献的有序化工作,拓宽了文献交流的时间范围和空间范围。它不再是一对一的交互式定向交流,而是面向社会的多向交流。读者通过文献服务机构,可以获取稳定的、系统的文献信息,从而满足社会化的文献需求。

3. 能够进行系统化的社会积累。文献是人类社会知识的结晶,在现代社会中,知识就是力量。知识贵在积累,人类总是将古今中外人类的一切成果作为自己的起点,去不断地探索,创新。文献充分体现了知识的累积性,反映科学发展的继承性。而文献的间接交流,更能够系统积累人类文明,它通过系统化、科学化的文献加工处理,科学地揭示文献内容,帮助读者深入文献海洋,了解和选择更为有价值的文献资料,从而开发文献资源,并以最快的速度、最优的水平主动提供给读者。因此,促进文献的间接交流是一切文献服务机构工作的出发点和归宿。要做好这一点,就必须加强对读者的研究,掌握读者的需求规律,因为读者是文献交流过程中的终端环节,一切交流功能的充分发挥和交流效果所能达到的程度,既取决于交流的内容、交流的技术,又取决于读者对交流内容的要求,对情报和知识的吸收能力与素质,以及运用知识改善读者本身已有的知识结构,提高认识世界和强化解决实际问题的能力。文献作为一种信息资源,其价值并不一定是显性的,只有在了解读者需求的基础上,依据这种需求和读者可以接受的水平,进行文献信息的开发和有目的地定向传递,才能充分发挥文献的价值。因为,开展读者服务理论研究,是提高文献交流效益的客观要求,是文献交流活动的关键所在。

二、读者服务体系的构建是图书馆工作社会化的现实需要

图书馆是社会发展的产物,作为人类精神财富的一种组织形式,它具有明显的社会性,主要表现为:

第一,图书馆的藏书既是人类社会的产物,又是人类社会共同享用的精神财富。一方面,文献是人类智慧的结晶,是古今中外千百万人对自身丰富的社会经验加以概括、抽象而创造出来的知识,是全人类共同的精神财富;另一方面,科学技术的发展、社会实践的需要,促使人们不断从文献中汲取各种文化知识,借鉴先进的科学技术成果,如此,文献又成为人们共同享用的精神财富。

第二,图书馆是组织人们共同使用文献的场所,其主要的任务就是促进人类知识的社会传播与交流,为人类的社会实践活动提供信息保证。自诞生以来,图书馆的大门便向社会敞开,并积极号召社会大众利用其文献资源,这就使图书馆这一社会实体具有广泛的社会性。

第三,图书馆作为社会文献信息交流的主要场所,其工作的核心就是把各种静态贮存的文献及时地、主动地、准确地转化为动态的情报和交流中的知识,并针对读者特定的需要进行多种多样的传递服务,以供社会利用。图书馆文献资源被读者利用得越充分,其社会作用就发挥得越大,尤其是在知识、信息剧增,各类型出版物大量涌现的形势下,赢得读者、扩大服务面、提高读者服务的效益等,一直是图书馆工作者孜孜以求的事情。如果说在近代,图书馆还可以靠外借和阅览等传统的图书馆服务方式来为读者提供文献服务的话,那么到了现代社会,随着科学技术的迅速发展,图书馆面对信息、情报的猛烈冲击,开始面临两方面的严峻挑战:一是由于信息爆炸而带来的文献激增对图书馆传统服务观念和服务方式的挑战。新的载体的不断出现使文献类型复杂多样,文献的无序状态加剧。

二是读者需求增多对图书馆传统服务观念和服务方式提出挑战。随着社会的不断进步与发展,读者对文献信息的需求日益复杂化、多样化,这样,图书馆的读者服务问题变得日趋复杂。传统图书馆那种"读者要什么,图书馆就给什么"的服务模式,已经不能适应现代社会中读者对图书馆的要求。现代图书馆必须根据读者的特定需求,主动提供文献,开展多种多样的服务,同时需要提供更深层次的增值服务。因此,图书馆服务工作越复杂,越需要进行系统研究,越需要理论的指导。这样,读者服务理论研究就应运而生了。它是图书馆事业发展的现实需要,是提高图书馆服务工作的社会效益和经济效益、为读者提供现代化和社会化服务的客观要求。

三、读者服务体系的构建是图书馆学学科体系发展的必然结果

图书馆读者服务是图书馆工作的前沿和窗口。对读者及其需求的研究、读者利用图书馆文献资源行为的探讨、读者阅读心理分析、读者服务对策以及服务效果的评估等,已经成为当代图书馆学理论研究中的重要内容。在长期的观察和研究中,图书馆工作者及研究者充分认识到,读者是图书馆生存与发展的土壤,读者需求是图书馆事业存在和发展的根据,没有读者需求,图书馆就失去了运行的动力,也就失去了自身存在的价值;要提高图书馆文献资源的利用率,发挥文献在传递知识、交流信息中的价值,就必须牢固地树立为读者服务的新观念,以读者需求为根本,以服务读者为宗旨,讲究服务效率,提高服务质量。作为对图书馆活动进行理论研究,抽象概括其本质与内在规律的图书馆学,应该从事实、现象、技术、方法中抽象、概括、总结出图书馆活动的一般原理和一般规律,运用逻辑、辩证、系统的方法,来揭示图书馆活动的本质属性,及其与社会环境的相互关联,考察图书馆学内部结构和外部联系,探究图书馆的社会功能及发展趋势。基于读者在图书馆活动中的特殊地位与作用,人们强烈地意识到建立"以读者为核心"的现代图书馆学的重要性。尤其是在 21 世纪的今天,中国图书馆学要走向世界,汇入世界图书馆学的洪流之中,就必

须有自己的理论特色和民族特色,它绝不仅仅是世界各国图书馆学理论流派的综合,而应该具有自己的理论体系,并能够让世界各国图书馆学借鉴、研究。中国图书馆学应深深扎根于中国图书馆事业的土壤,深深地扎根于中国的传统文化、民情国力、科学文化的发展水平之中。图书馆事业作为社会总体系中的一个分支,它受制于国家、民族的经济、科学文化的发展。而在图书馆事业的发展中,读者作为图书馆赖以生存的土壤,对图书馆事业有着巨大的影响力和推动力,读者的文化素质、社会心态、阅读观念则是形成这种推动力最根本的因素。因为,研究读者的阅读行为,唤起读者的阅读意识,提高读者的阅读能力,提高读者的信息素质,不仅是促进图书馆服务发展的有效措施,也是推动中国特色图书馆事业发展的根本途径,还是中国图书馆学理论研究和实践的重要内容和特色。

"以读者为核心"的图书馆学理论强调了三方面的内容:

第一,图书馆工作的根本目的是满足读者日益增长的文献信息需求。图书馆的一切工作都必须围绕、服从和服务于读者需求,在这个基础上处理好各项工作环节的关系,使图书馆成为一个协调运行的有机整体。读者需求因人而异,图书馆要针对不同读者的不同需求,提供不同的文献信息并采取有针对性的服务方式和工作方法。因此,随着读者需求的不断提高和变化,图书馆的各项工作也必须不断加以提高和调整,与读者需求的变化相适应。

第二,在图书馆信息交流过程中,读者是最活跃、最能动的、起着支配作用的一方。读者有权对图书馆进行选择,有权对图书馆的服务方法、服务时间进行选择,同时也有权对文献利用的内容、深度、方式进行选择。

第三,图书馆读者服务应注重服务效果,实现读者与图书馆之间的双向交流。图书馆文献信息交流过程中,读者的态势影响着整个交流系统的规模、发展方向和格局,反映着系统功能发挥的程度。因此,图书馆文献信息交流系统,应该是一个灵敏的反馈、调节系统,其文献信息的交流应该是双向的。如果在这个系统中,图书馆馆员不了解读者的需求及读者如何利用文献资源,就不会知道自己应该做些什么,不知道应该提供什么服务，就会导致服务的盲目性，降低服务效果。因此，对读者需求的了解和识别，是任何一个图书馆开展服务工作的先导，是修正服务误差、提高服务质量的参数指标。服务质量是衡量图书馆工作整体成效的主要标准。

总之，读者服务理论体系的建立，将使人们对图书馆读者服务问题的认识从现象深入到本质，从个别上升到共性，充分认识其规律性，从而提高读者服务工作的总体水平。

读者服务理论是一门综合性和应用性很强的学科理论，从理论体系上来说，它属于图书馆学的范畴体系。因为读者服务理论研究的基点是，读者在图书馆活动中的心理、行为特点，以及读者服务过程中的一般规律，其研究的实质是人与人的关系。因为，读者服务理论又与其他相关学科相互交叉和渗透，从而极大地丰富了自身的研究内容。一般来说，读者服务理论研究主要的学科基础为：

第一，图书馆学、情报学。图书馆学、情报学是研究图书情报机构在文献信息交流过程中的地位、作用及其工作规律的学科。读者服务在文献信息交流过程中占有重要的地位，是图书馆学和情报学的主要研究内容。读者服务理论研究的对象、研究任务以及理论体系等无不受制于图书馆学和情报学理论的规定。因为图书情报机构的最终目的，就是很好地开展读者服务活动。如果离开了图书馆学和情报学的宏观指导，违背了图书情报机构的社会属性和整体功能，则必将背离读者服务理论研究的根本宗旨。因此，读者服务理论研究必须以图书馆学、情报学理论为基础，否则便会脱离研究的方向。

第二，社会学。社会学是一门综合研究人类社会活动和社会关系的学科，它以研究各种社会问题为中心内容。读者作为一个社会群体，有自身的个性，更具有人的共性，是时代性和社会性的统一。社会每一个方面的发展和变化，都必将对读者自身的发展产生重大影响，如社会环境的变化（包括社会政治、经济、科学技术、文化教育等）对读者的需求和行为有着极大的影响。因此，研究读者，就必须置身于社会活动中，探讨读者与社会的相互关系,将读者的活动与社会的现实需要紧密结合起来,从而形成"有血有肉"的理论研究,否则必然脱离实际。同时,社会学中关于读者分层、影响阅读活动的社会因素、阅读的社会控制等理论,为读者服务理论研究提供了丰富的内容,奠定了坚实的基础。

第三,心理学。心理学是研究人的心理活动规律的学科。读者服务理论研究的主要对象是不同年龄、不同职业、不同文化程度和不同社会阶层的社会成员——读者。了解和研究分析读者,掌握各类型读者心理需求规律,是读者服务工作者的主要任务之一。要研究读者的一般心理结构和心理特点,必须利用普通心理学的成果,进而研究读者的阅读心理和阅读行为。因为,心理学为读者服务理论研究提供了基本理论和方法,是读者服务研究的重要学科基础。

第四,教育学。教育学是研究社会教育现象,揭示教育活动规律的学科。图书馆在进行文献信息交流的过程中,除了对读者进行精神文明教育、政治思想教育、专业技术教育和综合教育之外,还要对读者进行文献知识、文献检索的教育,培养读者的情报意识,提高读者的文献查找和利用能力,从而真正实现图书馆的社会教育职能。要做好这一点,就必然要以教育学的理论、原理、方法为指导。可以说,读者教育是读者服务研究与教育学理论相互结合、相互渗透产生出来的理论课题,它既是读者服务研究的主要内容,又是教育学研究的课题。

第五,管理学。管理学是研究科学组织管理工作理论与技能的一门学科,其研究范围主要是管理过程、管理环境、管理技术方法等。读者服务工作是一个巨大的管理体系,既要对丰富的图书馆资源进行科学、有序的管理,又要对读者这个庞大的队伍进行井然有序的科学管理,使"人有其书""书有其人",以最小的成本最大限度地满足读者需求,这本身就需要科学的管理理论做指导。因此,管理学理论与读者服务工作有着密切的联系。除此之外,读者服务理论研究还与其他一些学科理论有着一定的联系,在此不一一阐述。

第二节　读者服务体系构建的内容组成

图书馆服务体系就是读者服务方法体系，它是由诸多服务体系构建的多功能、多层次的有机整体。这个体系包括文献外借服务、馆内阅览服务、馆外借阅服务、参考咨询服务、用户教育服务等。各种服务都有其相对独立的功能、效果和适用范围，而作为整个服务方法体系的组成部分，各种方法之间是相互联系、相互补充、相互渗透、紧密结合的。

一、文献外借服务

图书借阅是满足读者将部分藏书借出馆外阅读的一种服务方式。读者在规定的期限内，享受使用权利，承担保管义务，不受馆内时间和空间的制约，充分利用所借文献，自由安排阅读时间，图书馆绝大部分的图书都是以这种方式进行流通的。但也有些文献规定不外借（比如孤本书、价格很贵的工具书等），能外借的文献，也有范围、册数、期限的制约。文献外借服务方法是较为传统的图书馆的读者服务工作方法，图书馆与读者之间的联系，主要通过借还的方式来表现，通过不断获得、交还书籍来进行。如果提高借还频率，交替使用多种借还形式，增加更多渠道，就会强化这种联系（比如开架书库，要在入口处提供图书份数的介绍，书架的标识牌、类目要层次分明，安排人员随时准确地为读者解决疑问等），使更多的藏书得到利用。因为要多方面地满足读者的阅读需要，就要想方设法最大限度地发挥文献外借服务的有效功能，以弥补外借方法的不足。

二、馆内阅览服务

馆内阅览服务是指图书馆组织读者在阅览室利用书籍资料的一种服务方式。阅览室是读者阅读、研究、自学的理想场所。它能克服文献外借中的弊端，许多不外借的图书文献（比如期刊、工具书、二次文献、特种文献等）优先保证馆内阅读参考，不受范围、册数、品种的限制。图书馆可以根据阅览室的设置目的、藏书范围、读者对象以及具体作用,来设置各种阅览室,如普通阅览室、分科阅览室、古籍阅览室及参考阅览室等。这样做有利于图书馆馆员了解读者的阅读需求和阅读倾向,便于有针对性地推荐图书、指导阅读、提供参考咨询以及组织学术交流、学术报告活动;同时,读者在阅览室内使用既灵活又方便。

三、馆外借阅服务

馆外借阅服务主要是采用流通站、流动车、送书上门等方式,在馆外开展书籍外借活动,扩大图书流通范围,充分发挥藏书的作用,主动地为广大读者服务。馆外借阅服务的内容和手段,在近几年内也发生了一些变化,读者不仅可以借阅到书籍,还可以借阅声像资料,或者在网上续借、预约、浏览电子读物等,这样的服务方式很受边远地区的读者以及急需资料而又不方便去图书馆的读者的欢迎。

四、参考咨询服务

参考咨询服务是图书馆为科学研究服务的一项工作,主要用来满足研究课题中产生的文献信息需求,是读者服务工作的重要组成部分。图书馆的参考咨询服务,应当围绕文献进行。读者要求图书馆解答的问题,图书馆都是以文献内容为根据,通过个别解答的方式,有针对性地向读者提供具体的文献、文献知识和文献检索途径。读者的咨询问题多种多样,凡涉及有关文献、文献知识、文献检索方法等的问题,图书馆都应热情服务,予以回复。参考咨询服务工作要求图书馆馆员具备广博的学科知识,具备一定的图书馆学、目录学、情报学、文献学等方面的修养。

五、用户教育服务

所谓"用户教育服务",就是有针对性地开展读者阅读指导和辅导服务。要做好这项工作,图书馆馆员必须了解读者的需要,并熟悉藏书、图书馆的各种目录、书目索引,以及现代检索工具的使用方法,这样才能充分利用所掌握的图书馆业务知识来辅助读者,解答读者提出的各种问题,帮助读者了解图书馆的性质、职能、任务和发展状况;才能向读者介绍图书馆藏书资源的范围、重点、布局结构及其使用方法;才能向读者介绍图书馆的服务机构分布、服务手段、设施、借阅规则、程序、手段方法等。当全面了解了图书馆,读者就能更好地利用图书馆,从而充分发挥图书馆的作用。

总之,图书馆服务是一个有机体,每一个环节的完善,都能起到优化整体服务效果的作用。图书馆在普遍使用现代管理技术的同时,还要让人文关怀融入图书馆科学管理中,以读者的需求来定位服务,使善待读者的理念在图书馆里达成共识,从而使每一位图书馆馆员事事为读者着想,随时从读者的角度去观察、去感知、去体会,赢得读者的信赖、支持,不断发现图书馆服务中的缺陷,并及时加以改进,从而推动整个图书馆事业的发展。

传统图书馆建立的是以手工操作为主要手段,以外借、阅览服务为主要形式的低层次的服务体系。而随着现代生活节奏加快、文献信息量剧增、读者的需求日益专业化和情报化、这一体系已越来越不适应读者的需求。因此对其进行改革势在必行,图书馆读者服务工作体系改革的主要内容有如下几个方面:

(一)改变传统的单一服务方式

传统的图书馆读者服务方式是坐等读者上门,提供以外借、阅览服务为主体的单一式文献传递服务。读者还需花费大量时间进行阅读和分析,才能获取其中有效的知识信息。图书馆的服务体系,必须改变传统的单一服务方式,既要加强和搞好传统的外借、阅览等文献传递服务,又要花大力气强化文献的开发、报道服务,充分发挥图书馆的情报信息传递职能。如开展预约借书登记,开辟"新书介绍""书海导航""读书会"等专栏,召开读者座谈会等,努力拓宽服务渠道,提高图书馆文献的流通率。

(二)在现有条件下尽量扩大开架借阅范围

众所周知,读者只有在自己可以入库选择文献的情况下,才能获得自己最需要和最适合自己的专业文献,而很多图书馆目前尚不具备全开架的条件。面对这个矛盾,可以实行闭架、开架两条渠道并行开放的方式,以尽量满足读者的需求,即对读者利用率较高、图书馆有一定复本保障的文献品种实行开架,并调整藏书布局,并将流通率较高的有关学科类书籍全部实行开架,促进高效流通。由于实行了开架,读者能接触文献的范围扩大了,对文献的选择面拓宽了,这样既可缩短找书时间,提高书籍的周转和利用率,又可以使工作人员从繁杂的劳动中抽出时间从事宣传、辅导或推荐工作。在实行全开架的前提下,再努力延长开架服务时间,使文献得到最充分地利用,产生最大的效益。

(三)改变图书馆服务工作的封闭状态

图书馆有丰富的馆藏文献信息资源优势,有信息服务专业人才和技术设备的优势。因此,应当通过馆际协调,以与社会图书馆资源的共建共享为努力目标,千方百计为读者提供尽可能完善的服务,扩展横向联系,拓宽服务领域,改变服务方式,延伸服务范围。

(四)组织专业人员开展专题文献信息服务

在努力扩大开架范围,以方便读者外借、阅览文献的基础上,图书馆还应当充分发挥自身馆藏文献资源的优势,面向社会大力开发蕴含在馆藏文献资源中的有效信息,编制二次文献书目、索引、文摘,撰写学科动态专题综述、科学研究发展动态、最新成果,宣传报刊最新信息等三次文献,向读者提供浓缩的直接可利用的数据、事实、结论,以充分发挥馆藏文献信息资源和情报功能。

(五)更新服务手段,逐步实现计算机管理

为了提高质量和效率,深入开发、利用书籍文献资源,图书馆应当迅速改变传统的手工操作手段,尽快实现对读者、馆藏文献资源、读者服务工作的计算机管理。对图书馆的读者服务工作而言,实现计算机管理,一是有利于扩大读者视野,使读者可以从数量更多、范围更大的文献群体中选择自己所需要的文献;二是便于读者通过计算机网络,获取科学研究最

急需、最有效的信息,以提高读者利用文献资源的社会和经济效益;三是可以节省读者在获取文献过程中的时间、精力。除计算机管理技术外,缩微、复制等先进技术的应用,也可以大大加快图书馆科学化管理的进程。

(六)加强与学校档案馆(室)的合作和协作

图书馆是学校的文献情报中心,这个"文献情报"不仅包括图书、杂志、报纸,还应包括学校范围内的档案。学校档案是学校教学、科研管理及对外交流的重要记录,是一笔重要的文献资源。图书馆应当加强与学校档案馆(室)的合作和协作,共同承担对校内重点学科发展史、学术带头人及其他专项专题研究的文献资料信息保障。图书馆在进行本校人物、历史研究服务的过程中,应主动取得档案室的协作,以充分发挥档案文献的作用。

(七)加强系资料室分工、协作,共同满足学校师生对各类专业文献及文献信息需求

图书馆应明确系资料室与图书馆业务上的分工和协作关系,做好全校文献资源的合理布局、协调。图书馆主要面向广大学生,提供面广量大的文献传递服务,而系资料室则要做好与本系专业教学科研有关的资料信息工作。图书馆在文献资源布局、业务工作指导,以及专业人员培养方面应给予系资料室大力支持,而系资料室在图书馆的专题文献调研、专项科研项目的信息服务等方面,应同图书馆合作,以形成整体合力。

(八)加强馆际协作,走社会化文献资源共享的道路

在使学校内部图书馆、系资料室和档案馆(室)的文献资源形成一个能向读者提供完整服务的网络的基础上,图书馆还应当把眼光放远一些,主动走出校门,开展校际协作、地区协作,使学校图书馆读者服务体系成为社会读者服务体系的组成部分。图书馆的事业发展,应该走加强横向联系或系统协作的社会发展道路。当今时代,一所学校、一个图书馆的文献收藏总是有限的,而读者的需求则是不断发展的,图书馆应当与本系统图书馆、公共图书馆等形成完整的服务体系,彼此沟通,相互支持,互通有

无,共同发展。一方面,可以利用其他系统图书馆的文献资源满足学校图书馆读者的需求;另一方面,也使学校图书馆的文献资源在保证学校读者需求的前提下,得到社会读者的充分利用,更好地发挥图书馆文献情报资源的学术价值和社会教育功能。

第三节 读者服务体系构建的实施

一、读者服务机构的设置

合理地设置读者服务机构,是读者服务工作体系中保证管理信息传递畅通无阻、系统功能不断提高的重要条件。一般来说,读者服务机构的设置,应充分体现三个原则,即适应性原则:读者服务机构的设置要与图书馆的性质、任务、藏书条件及所处的社会环境、自然环境相适应;方便性原则:读者服务机构的设置既要便于读者充分地利用图书馆资源,又要便于科学管理;效益性原则:读者服务机构的设置要能够最大限度地发挥图书馆藏书资源、设备资源、人力资源等各种资源的效益。设置读者服务机构的主要目的,是限定机构的职责与任务。

(一)流通阅览部的职责与任务

流通阅览部处在读者服务工作的第一线,其主要任务是开展外借、阅览服务,为读者广泛深入地利用文献资料而进行各种形式的宣传和报道,并且指导读者科学地利用图书馆,最大限度地提高服务质量和效率。因此,流通阅览部的主要职责是:

1. 不断收集、整理、分析、研究读者的文献需求信息以及读者的反馈信息,改进服务工作,并积极地、及时地向上级反映情况,成为读者需求信息反馈渠道的枢纽。

2. 负责起草和修订有关外借、阅览工作的规章制度,办理读者借阅证件等。

3. 管理外借书库和辅助书库,并根据图书流通情况,不断改善藏书组织。

4.管理所属的各个阅览室、目录室,负责目录咨询工作,并经常保持外借厅和阅览室的舒适、整洁和安静,为读者学习和阅读创造最佳的环境条件。

5.负责馆际互借、预约借书、邮寄借书、流动借书等各项工作。

6.协同有关部门组织各种书籍展览、学术报告、读书座谈、图书推荐、新书报道等项工作。

7.建立和健全有关图书流通、读者需求情况的各种记录和统计制度,开展读者统计工作。

8.保证借阅时间和阅览室的开放时间准确无误。读者服务工作是图书馆工作的重心,而流通阅览部则是这一重心的窗口,它直接体现图书馆两个文明建设的风貌,因而必须加强对图书流通机构的组织与管理工作,合理配备流通阅览部的人力和智力结构,并制定相应的服务规范,使图书流通服务工作更上一层楼。

(二)参考咨询部的职责与任务

参考咨询部是读者服务工作组织与管理的一个重要部门。在我国,大部分图书馆都设置了这一部门。参考咨询部的主要职责与任务是:

1.接受读者咨询问题。凡属读者文献咨询、文献知识咨询、文献线索咨询的课题,无论是某一事实或事件,还是某一专题或知识单元的咨询问题,均属于参考咨询部的工作范围。同时应相应建立读者咨询工作台,做好咨询档案记录,为解决读者各项咨询问题创造一切条件。

2.分析咨询问题的性质。了解读者意图,分析咨询问题的性质,有效地解决读者的各种困难和问题。

3.解答咨询问题。根据咨询问题的性质,确定咨询途径,正确地使用各种工具书,记录查找过程,并利用口头、书面等方式提供咨询解答。

4.建立咨询档案。根据问题的不同性质,相应建立读者咨询档案,记录咨询过程并妥善保存。

5.组织和管理必备的工具书,设置参考阅览室,密切注意科学技术的发展,分析科学研究的发展动态,并根据读者及社会的需要编制各种书目索引,提供二次文献服务。

6.应建立文献咨询部门和教育辅导部门的联系,在其他各部门的协助下,对读者进行文献检索基本知识的教育和训练。参考咨询部门人员配备要求较高,只有具备相应的专业知识水平、阅读翻译能力和工具书使用能力的人员才能胜任。

(三)情报服务部的职责与任务

情报服务工作是现代图书馆工作的一项突出任务,它讲求服务的时效性和新颖性,更具有时代性,对图书馆馆员的要求更高,尤其是外语能力,现代技术和专业知识水平、分析与洞察问题的能力。该部门的职责与任务是:

1.根据科学研究与教学的需要,配合采访部门及时收集各种最新的文献信息。

2.建立情报分析小组,广泛吸收各学科的专家参加情报服务部的活动,形成情报调研网络。

3.采用各种形式进行科研信息调查和查新工作,制订各种专题服务计划和实施方案。

4.广泛开展书目服务、定题服务、编译服务、情报调研工作,向读者提供最新的情报信息资料,广、快、精、准地提供情报服务。

5.研究现代技术在图书馆系统中的应用,建立计算机检索网络系统和终端数据库系统,运用先进的科学技术为读者提供服务。

6.现代技术应用和服务部门的职责与任务,现代技术应用和服务部门是随着科学技术的发展,为适应社会需求而设置的组织机构。其主要职责与任务是根据读者需要提供计算机技术、缩微技术、复制技术、声像技术、通信技术的服务,开展现代技术的管理与利用工作,从深度和广度上开发文献资源。目前,我国绝大多数的图书馆,都能根据自身发展的实际情况,组建各种现代技术应用与服务部门。

二、读者服务借阅体制的确定

借阅体制是读者服务工作开展的一个重要前提条件,也是读者利用图书馆资源的环境条件。长期以来,我国图书馆界对图书馆是否开架进行了很多探讨,这也是一个争论不休的问题。现在看来,图书馆完全采取闭架借阅的方法,很难适应时代的发展,不能满足社会的需求。盲目地开架,也势必会造成图书严重乱架和丢失的状况,造成图书馆的严重损失。因此,必须针对我国的国情,采取以开架为主、开架与闭架相结合的借阅体制,从而满足社会的需要。

(一)借阅体制的含义

所谓"开架借阅",就是图书馆允许读者进入流通书库,并直接在书架上挑选书籍的借阅体制。开架借阅的关键要素有两条:第一,允许读者入库;第二,允许读者在书架上选书。

所谓"闭架借阅",就是图书馆不允许读者入库或在书架上选书,必须通过图书馆馆员提取才能借阅书籍的借阅体制。闭架借阅的关键要素也有两条:第一,读者不能进入书库;第二,读者只有通过图书馆馆员作为传递媒介,才能借阅书籍。一般情况下,读者还需查目录,填写借书单,由图书馆馆员凭借书单到书库取书后交读者借阅。

所谓"半开架借阅",就是图书馆利用陈列展览的形式,将部分流通量大的书籍或新书陈放在安有玻璃的书架里,读者能看到书脊或书面等,并可浏览挑选,但不能自取,借阅时必须通过图书馆馆员提取。这种借阅体制,也称"亮架"制。半开架借阅比起闭架借阅,对读者放宽了开放尺度:可以浏览书架上的书,减少了查目录、填书单的环节;比起开架借阅,对读者又限制了一层:不能自己取阅,必须通过图书馆馆员传递。而且可供陈列展览的藏书数量只是馆藏流通书籍的一小部分,在外借处、阅览室、辅助书库内一部分地方展出,占用有限的空间,而大部分流通书籍不能采用这种体制。因此,半开架借阅是介于开架借阅和闭架借阅之间的一种辅助借阅体制。国外将半开架借阅称为"准开架式",这种体制有它独特的作用以便于宣传推荐。

所谓"部分开架制",是指图书馆的流通书库在对大多数读者采用闭架借阅的情况下,允许一部分具有高级职称或特殊研究需要的读者,对一部分书库藏书实行有限制的开架借阅方式。这是许多闭架图书馆普遍采用的办法,称为闭中有开的部分开架制,属于开架借阅的范畴。

所谓"部分闭架制",是指图书馆的流通书库在对大多数读者采用开架借阅的情况下,对于其中部分藏书和部分读者采用闭架借阅方式。其作用是:既有利于部分藏书的安全保管、长期利用,又有利于有区分地为读者服务。这也是许多开架图书馆普遍采用的办法,称为开中有闭的部分闭架制,属于闭架借阅的范畴。

在开架阅览室体系中,有两种开架形式:自由开架式和安全开架式。所谓"自由开架式",是指辅助藏书与阅览座位处于同一空间,读者可自由出入,直接在书架上随意挑选并提取所需书籍,就室阅览,不必办理任何借阅手续。这种形式对于读者最为方便自由,但藏书保护条件差。此种方式在美国比较流行,因此也称为"美国式"。

所谓"安全开架式",是指辅助藏书单独设库,与阅览座位处于两个相互连接的空间,读者可直接进库挑选并提取所需书刊,但要到阅览室阅读,需办理登记手续,阅读完毕后需还给工作人员。这种方式对于读者稍费点时间,但对于藏书的保护则比较好,并能保持安静的阅览环境。此种方式在英国比较流行,因此也称为"英国式"。

国外的学校和专业图书馆多采用自由开架式借阅体制,公共图书馆则多采用安全开架式借阅体制。

(二)开架借阅体制的优缺点

实行开架借阅体制最根本的特点也是最根本的优点,就是让读者有机会直接接触馆藏的大量图书,并且通过浏览可自行选借所需要的文献资料。北加利福尼亚大学进行的研究表明,读者从开架系统转向闭架系统,潜在的困难就会增多。他们对80%进库的教师、研究生进行了抽查,被抽查者普遍反映在查阅文献中,不能依靠目录和书目作为取代浏览的手段。

由此可见,开架借阅确实为读者提供了很大的方便,它能让读者接触大量的文献资料,它的各种优越性都源自这一根本的特点和优点,同时它的缺点也是来源于这个特点。

开架借阅服务的主要优越性具体表现在以下几个方面:

1. 提供文献的充分性。读者直接接触丰富的藏书,能自由挑选适合自己的书籍。

2. 选取图书的直观性。读者与藏书直接接触,能开阔知识视野,提高阅读的积极性。

3. 借阅过程的简便性。读者可以直接参与借取过程,既方便又节省了时间,等待获取图书文献的过程缩短了。

4. 图书流通的扩大性。扩大了图书流通范围,降低了图书馆拒借率,减少了部分藏书不必要的外流。

5. 指导阅读的有效性。把图书馆馆员从繁忙的跑库工作中解脱出来,有更多的时间了解读者,开展咨询解答和指导阅读工作。

开架借阅体制的缺点是容易产生乱架、书籍破损快、容易丢失等问题。从图书馆的角度来看,藏书的安全、完整、有序、方便管理,是图书馆内部工作的一个基本要求,也是闭架借阅的长处。要想有效地发挥开架借阅的优点,克服其缺点,只有加强管理,采取必要的措施,将丢书、破损和乱架现象减少到最低限度,使藏书得到最充分的利用。

(三)确立实行以开架为主、开架与闭架相结合的借阅体制

在图书馆为读者服务的借阅体制中,无论是开架借阅还是闭架借阅,它们的共同宗旨是方便读者,满足读者的阅读需求,提高服务效率、服务质量,保证读者和图书馆的根本利益。因此,在实际工作中,各图书馆就要根据自身藏书和读者的具体情况来确定借阅体制,而不能盲目地实行开架或闭架借阅体制。

目前,我国图书馆在有条件的情况下,可以针对不同的读者和藏书,实行有条件的、局部范围的开架借阅,这实质上也是遵循图书馆藏用结合

的规律,实行开架与闭架相结合的借阅体制。目前,应当根据藏书在读者中的流通情况,以及藏书的使用价值来确定是否实行开架借阅。若是在大多数读者中流通的藏书,应当对广大读者实行开架借阅;若是只适合少数读者查阅的书籍,就不宜对大多数读者实行开架借阅。一般性书籍,利用率高的,复本量大的,可以实行开架借阅。珍贵书籍,单本书籍,利用率低的书籍,以及内容不便公开的书籍,就应该对一般读者实行闭架借阅,对科研读者实行开架借阅。绝对的开架借阅和闭架借阅实际上是不可能存在的。每个图书馆对自己的部分特藏书籍和保存本都是实行闭架借阅的方式。关键的问题在实行开架借阅的藏书选择标准上,要考虑读者的阅读需求,同时也要考虑图书文献的状况,不可一概而论。总之,实行以开架为主、开架与闭架相结合的借阅体制是方便读者,保证藏书安全、有序,能够长期使用的行之有效的借阅体制。各类型图书馆应从读者的需求和图书馆的实际利益出发,创造条件,实行以开架为主的借阅体制。

三、读者服务设施的设置和布局

图书馆要很好地组织读者进行阅读,不仅要有丰富的藏书和高水平的图书馆馆员,还应当为读者提供良好的活动场所、舒适的阅读环境和方便使用的各种设施。这些为开展读者阅读活动所必要的物质条件,统称为图书馆的读者服务设施。读者服务设施的管理主要是指设施的合理设置和布局,既能适应读者利用文献的各种需求,又能方便图书馆馆员开展各项业务活动。

(一)读者服务设施的设置

1. 适应本馆主要读者队伍的需求

图书馆读者对提供文献的方式的需求具有不同的特点,因而对服务设施的要求也各不相同。如科研人员和教师,除了图书外借方式外,还须查阅参考工具书和样本书,因此,有必要设置工具书阅览室和保存本阅览室。

2. 适应各类文献使用与保管的特点

不同类型的文献在使用与保管上各有特点，为使各种文献充分发挥作用，可以设置以各种文献载体为特征的分科阅览室，既满足读者对某些特殊文献的需求，又便于各类特殊文献的管理与利用。如古籍阅览室、中外文期刊阅览室、视听资料室、电子阅览室等。

3. 适应馆舍、人力等现有条件

读者服务设施的设置不仅要适应读者需求与文献特点，还必须根据各图书馆现有的人力、物力和馆舍条件，合理设置读者最需要、最能有效利用文献的设施，以充分发挥现有藏书、设备和人员的作用，最大限度地满足读者需求。

(二)读者服务设施的布局

每个图书馆都有各自不同的读者服务设施，这些设施的合理布局，是现代图书馆十分重视的问题，它与提高服务效率有着密切的关系。对服务设施的布局要求是：

1. 缩短读者与特定文献的距离，尽量让读者直接接触各种资源加快流通的速度。

2. 能充分发挥各种服务方式与服务设施的特点和作用。

3. 读者活动路线与图书馆内部工作的路线互不干扰，方便读者利用和书刊管理。设置读者服务设施时思想上要注重开放性，结构上要注重层次性。

读者服务设施的层次性，体现在以下几个区域的设置：

1. 群众活动区。一般应设在图书馆的入口处，有单独的出入口，以保证不影响图书馆内部的工作和读者阅读。

2. 流通阅览区。应距离书库较近，外借处与目录室应设置在图书馆的入口处；还应设置咨询处，以解答读者提出的问题；阅览室应设在光线、通风均较好之处，应离群众活动区较远。

3. 情报服务区。可设在馆舍的高层，接近基本书库，应尽量避免与读者活动场所相交叉,应体现小而精的风格。

阅览室是由阅览空间、阅览桌椅、辅助藏书、读者目录及其他阅读设施构成的场所。工作人员是阅览室的管理者、指导者和咨询者,读者是阅览室的查询者和使用者。阅览室的空间设计,应从实际出发来安排其结构。第一,要考虑读者阅读藏书的需要,设置出光线明亮、空气清新、安静舒适的学习和研究环境。第二,要考虑设置适合读者阅读和学习的阅览桌椅。第三,要考虑配备合理数量的阅览座位。第四,辅助书库和藏书结构的设计,要与读者需求相结合,与读者查找和利用相结合;第五,读者目录及检索工具的配置,应作为阅览室辅助藏书的有机组成部分,充分发挥其检索与参考作用;第六,配备适当的视听设施和阅读设施,使读者可以任意选择文献的载体形式,开展多种多样的阅览活动,增强阅览室的综合使用功能。

四、读者服务工作的开展

(一)读者登记工作的组织

图书馆采用登记卡或登记簿的形式对读者的有关情况进行登记,并发给读者借阅证(卡)以供读者从事文献的选择与借阅。计算机管理的实施,极大地方便了这一工作。只要读者把借阅证在扫描仪上亮一下就可以完成登记手续。

读者登记工作是图书馆与读者建立联系的第一步,也是对读者的组织与管理的主要内容。读者登记的范围通常根据图书馆的性质和类型来确定。

1.读者登记的范围

图书馆有多种类型,区分图书馆类型有多种标志。就发展图书馆读者队伍而言,以有无固定服务对象作为正式读者群为标志,可将图书馆划分为两种类型:一种是单位图书馆,本单位的固定成员原则上都是单位图书馆的正式读者群,只要做好这些人的读者证登记工作,就不存在选择读者的问题。另一种是公共图书馆,没有固定的服务对象,需要从本馆所属地区范围内,选择部分社会成员作为本馆的正式读者群。

单位图书馆的正式读者范围比较明确固定,凡是本单位的固定成员,都可以向本单位图书馆办理登记手续,领取借阅证,成为图书馆的读者,享受借阅权利,可经常利用本单位图书馆。

公共图书馆的服务对象广泛、分散,数量很大,必须根据本馆和读者的实际情况,制订发展计划,将符合本馆条件的社会成员发展成为正式读者,经过登记发给读者借阅证,开展各种形式的借阅活动。

2. 读者登记的内容

读者登记的内容因读者在图书馆的组织形式而异,个人读者与集体读者的登记内容有所不同。个人读者登记的内容包括读者基本情况(如读者姓名、性别、出生年月、职业、职务、职称、文化程度、工作单位及其所属系统、联系地址、邮政编码和电话号码),读者业务工作的主要经历和工作成就,读者的文献需求与所需要服务的方式,读者的文献信息能力及外语语种的利用程度,读者的工作习惯和查找、利用文献的方式,读者对文献信息服务的期望或建议等。

集体读者登记的内容包括集体读者的名称,人员组成情况和负责人姓名,集体的主要活动及工作成果,集体获取和利用文献信息的能力和情况,集体读者所指定的经办人的姓名、通信地址及邮政编码、电话号码等。

读者填好登记卡后交给工作人员,由工作人员抄录在读者登记簿上,按序号排列,以作为做各种分析统计的依据。

3. 读者借阅证的发放

读者登记之后,应发给读者借阅证。借阅证的种类很多,按其用途可分为外借证、阅览证、外借阅览证。外借证是仅供读者外借文献的证件,读者不能凭此证进入阅览室;阅览证是仅供读者入室阅览的证件,不能用于外借;外借阅览证既可用于外借,又可用于阅览,还可用于其他的服务方式。

数字时代图书馆读者服务工作拓展与创新

借阅证应标明编号、读者姓名、性别、工作单位、职务或职称、通信地址、发证日期、有效期限、借阅规则等,并贴上读者的照片。借阅证有两种:一种是册式借阅证,此证除证明读者身份外,还可将读者外借的文献记录在"外借文献记录"栏内。另一种是卡式借阅证,采用电子计算机进行图书流通管理的图书馆,须发给读者卡式借阅证,并在借阅证上加条形码或磁条,以便计算机识别和记录。

4.读者的重新登记

由于读者的情况经常发生变化,如读者工作调动、通信地址变更、集体读者的单位变更、经办人更换等,原有的读者登记卡会失去准确性;有些读者办证后长期不借书,空占名额,影响图书馆发展新的读者;有的丢失借阅证,借阅证被别人顶替冒用;有的借书长期不还,影响正常书籍流通等。针对上述问题,图书馆应每隔2~3年对借阅证进行一次核查清理,重新办理登记手续,以保证读者登记卡的准确性,保证借阅证的正常使用。读者重新登记的办法有三种:一是在借阅证上标明有效期限,到期后,读者自觉办理重新登记和验证。二是事先写出通告或通知,要求读者在一定时间内,办理重新登记和验证。三是请读者所在单位汇总,统一办理重新登记和验证。

(二)读者发展工作的组织

发展读者是一项复杂而细致的工作,需要制订发展计划,确定发展方法。读者发展计划,须依据社会的客观需要与本馆的任务、藏书、人员能力、馆舍条件等,明确发展范围、重点,发展读者总数量、各种成分、各个单位、各种类型读者的具体比例,发展读者的资格条件,发展读者的时间、步骤及其具体措施,做到有计划、有目的地发展读者。发展读者的方法有两种:一种是按照计划分配发展,即由图书馆按系统、按单位分配名额,再由单位按条件将名额分配到个人,个人凭证明到图书馆登记办理领证手续。另一种是读者个人申请登记,即由图书馆直接公布发展读者的条件与办法,读者个人凭工作证或单位介绍信到图书馆申请登记,经馆方了解、研究,同意发给登记卡,然后办理正式登记领证手续。两种方法,各有利弊。一般图书馆发展读者是将两种方法结合起来,以便互相补充,扬长避短。图书馆除定期发展读者和调整读者队伍外,根据需要,还可以进行经常性的读者发展工作。

(三)读者规则的制定与执行

读者规则是读者在利用图书馆资源时应遵守的规章制度和守则,制定和执行读者规则是读者管理的重要内容。

1. 读者规则的种类

(1)读者借阅规则。读者借阅规则是对读者在借阅文献过程中应承担的职责和义务,以及应注意的事项所做出的规定,它对保证文献借阅工作的顺利进行,保护文献不受损失,加快文献的流通速度有很大的作用。其主要内容包括对读者借阅文献权利的规定、对读者借阅册数和期限的规定、对读者借阅秩序和借阅手续的规定、对读者保护文献义务的规定、对读者破坏或遗失文献后赔偿和罚款的规定、对读者所借文献逾期不还处理的规定等。

(2)读者入馆(室)规则。读者入馆(室)规则是对读者进入图书馆某一空间设施的条件、手续和其他有关事项的规定。其主要包括读者入馆(室)的资格、读者入馆(室)的衣着、读者入馆(室)的手续、读者维护馆(室)内秩序的规定及对读者损坏馆(室)设施或文献处理的规定等。

(3)读者利用图书馆各项服务方式的规则。其主要是对读者利用咨询服务、检索服务、定题服务等高层次服务方式所做的规定,包括对读者利用这些服务方式资格与条件的规定、对读者申请利用这些服务方式手续的规定、对读者与图书馆工作人员相互配合的规定、对读者利用这些服务后信息反馈的规定等。

2. 读者规则的制定与宣传

读者规则的制定要考虑图书馆的性质、任务、服务设施、服务项目的特点;考虑读者的心理承受能力;行文要适宜,所用语言要精练、准确。

读者规则制定出来之后,要对读者进行宣传,让读者了解其内容并自觉遵守。图书馆可采取口头宣传和解释的方式,也可以印刷成小册子或在馆内张贴,以此对读者进行宣传。

3.读者规则的执行

读者规则制定出来之后,除加强宣传外,还应严格执行,并发挥读者规则的作用,否则就达不到读者管理的目的。执行读者规定,除要求读者自觉遵守外,图书馆馆员应对各类型读者一视同仁,对违反读者规则的行为,要按条文严格处理,不讲私情。

第四节 数字图书馆服务体系构建

一、数字图书馆的硬件设备体系

数字图书馆每天要接受成千上万的用户的访问,这种频率极高的数据访问模式,要求资源存储系统具有非常快的响应速度。此外,数字图书馆中大量的书刊、文献资料采用多媒体技术形成数字化电子资料。这也要求数字图书馆必须采取更高性能的海量资源存储系统给予存储。因此,必须构建高性能的服务器集群,合理调配各个服务器的访问量,才能保证读者利用网络快速获取信息资源,才能充分体现出数字图书馆的优越性。硬件设备与环境的优劣,直接影响着图书馆的生存与发展。为了方便读者,让读者能充分利用数字图书馆资源,图书馆应配备电子阅览室、多媒体教室、独立的视听室,使读者不但能外借电子资料,还能在图书馆中方便地查询资料、阅读及听讲座。图书馆馆员可以利用多媒体教室及演播室,对初次入馆的读者进行入馆教育与培训,介绍本馆资源,讲解如何使用本馆的设备,使读者能合理、有效地利用数字图书馆的各种资源。

二、服务管理体系的构建

数字图书馆的特点是收藏数字化、操作计算机化、传递网络化、信息存储集中化、资源共享化、结构互联化,因此,必须根据这些特点,从服务读者的需求出发,构建完善的服务管理体系。数字图书馆的服务管理体系主要包括技术管理部门、信息管理部门、读者管理部门和网上咨询服务管理部门等。

(一)技术管理部门

技术管理主要是指网络的管理、存储系统的管理、服务器的管理、计算机硬件设备的管理与维护等。互联网与计算机技术的普及和发展,也促进了黑客技术的发展。黑客高手甚至可以篡改系统控制参数,干扰破坏系统的正常工作。因此,在技术管理方面一定要注意网络安全,严防黑客的入侵。应在网络中设置防火墙,及时对服务器系统软件打补丁,防范黑客窃取用户口令,在服务器及文件格式设置方面,要分类管理,分类设置用户权限,防止内容被恶意更改。在向用户提供服务时,要针对不同的使用者,规定不同的使用范围,做出有区别的授权使用规定,来规范数字图书馆的使用权限。提高系统的安全性能。例如,限制某些IP地址的计算机下载、访问全文文献或重要的数据资料对图书馆馆员、教师与学生的使用权限要进行等级划分等。计算机硬件设备的完好率,是保证读者方便地使用设备的关键。因此,应注意定时对设备进行检查与维护,发现问题及时处理,保障设备的完好率,同时要注意先进技术及设备的更新引进。

(二)信息管理部门

信息管理的目的是提供快捷、准确、高质量的信息资源和文献产品等。结合本校重点学科的需求,教学和科研课题的需要,给读者提供新、准、全的系列情报。如课题发展的预测、分析相关的发展进程等资讯。信息管理主要包括主页信息分类提示、信息的分类存储、文献资源的构建、数据库的建设等内容。

数字时代图书馆读者服务工作拓展与创新

1. 建立架构网站以及制作主页数字化服务

首先须设置自己的服务器、流媒体服务器等。建立并逐步完善具有本馆特色的"主页",将馆藏资源数字化,通过通信网络呈现给读者,实现资源共享。一个设计良好的主页应该提供给读者尽可能多的信息,应是能引导读者尽快获得所需信息的导航页面。读者能否在主页很顺利地得到自己所需的东西,是衡量图书馆服务质量的标准。这就需要主页设计人员与信息管理人员通力合作,把互联网上许多有价值的、零散的、缺乏系统性的资源,经过筛选、重组,将有用的学术资源由分散变为集中,由无序变为有序后,放在图书馆主页上。

例如,收集、组织高水平和具有学科特色的专题信息,建设专题信息导航。数字图书馆的发展意味着数字信息的全球化。因此,要注意不断地引进和利用国内外信息资源,开展跨国、跨馆的数据利用,及时更新主页上的信息和专题导航,使自己拥有一个庞大的虚拟外部馆藏。

2. 加强文献资源的采购和加工

以学校的教学和专业特色,以及科研方向的需求作为整合文献资源的主体思路,有针对性地采购具有新颖性的高品质文献,有学术价值的光盘、磁带图片等,为数字化提供丰富的软件资源。按专业性分类、整理、标引出规范的馆藏资源。一方面实行开架借阅,尽可能地满足读者需求,方便读者查找。另一方面把馆藏资源优化整合,通过扫描、加工、存储等,转换成数字信息资源,而数字信息资源的形式应包括各种格式的文件,如图表、动画、声音等。以馆藏资源全部上网为目标,实现馆藏资源的馆际交换和共享。

3. 建立专题导航

建立专题导航是建设具有特色资源图书馆的重要手段之一,是图书馆利用网络,开发虚拟馆藏建设的重要组成部分。一方面,可以利用馆藏资源,建立规范的具有学科专业特色的数据库,并按照专题编制出高质量的专题索引。另一方面,通过网络对相关信息进行检索、查新、传递、组织和过滤,获取更丰富的信息资源,建立既有利于学校科研又具有专业特色的专题资源导航系统。此外,还可以通过开发与建设专业信息资源指引库,推荐热门站点或相关站点,用链接的方式建立导航系统,方便读者查询本学科信息资源,快速了解本学科领域的研究方向、发展趋势和国际动态,节省其收集资料的时间。

(三)读者管理部门

图书馆是学校的文献资源中心,其任务是为教学与科研服务。因此,首先要把握"以读者为主体"的原则,以方便师生的使用为出发点和根本宗旨。以读者为中心是指以读者的目的需要、能力拓展和知识结构为中心开展服务;以读者的目的需要为中心是以提高学生技能的实践性为目标,提供支持服务;以读者的能力拓展为中心,是给读者在实践中提供新技术的材料;以读者的知识结构为中心,是因为各种信息、技术门类繁多,而师生在教和学的过程中都有一定的专业局限性,因此,必须根据读者的专业特点,围绕科研项目(课题),定题跟踪深化服务,为其选配合适的信息内容。

其次要加强对读者的技术培训工作,使读者能真正掌握深层次的应用方法和实体信息的获取方法,有效地获得所需要的文献资料,这是数字图书馆应做的重点工作。图书馆拥有的数字信息资源越丰富,其检索工具种类就越多。因而读者检索一个专题的信息时,会碰到如何选择检索软件的问题。因此必须对读者进行相关检索软件使用技巧的培训,使读者掌握数据库检索工具的使用方法,掌握数字文献的检索途径和方法。在引进新的资源时,也应及时对读者进行培训。读者利用图书馆数字信息资源时,首先面对的就是图书馆的 Web 页面,把需要对读者进行培训的内容融入图书馆的 Web 页面中,供读者随时随地参考,这是最为经济的读者培训方式。

(四)网上咨询服务管理部门

网上咨询服务是图书馆服务工作的一个核心部分,是读者个性服务

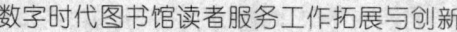

的大众化延伸,其为更多的读者提供一对一的信息服务。图书馆馆员必须能较全面地理解读者的需求,客观地分析读者的信息需求,利用电子邮件、频道推送或建立 Web 网页等方式,主动地把回复信息传送给读者,使读者能及时得到圆满的解答和帮助。网络通信技术的介入,使图书馆的读者群扩大为网络上的全球范围,图书馆本身作为整个网络的一个结点,与外界的联系将更加广泛和普遍,咨询工作的服务范围也从本馆读者群扩大到全社会,而单一图书馆的技术力量毕竟有限,因此,多馆合作咨询服务工作将是这些发展趋势的必然结果。

第五章

数字时代图书馆阅读服务理论探究

第一节 图书馆阅读服务概念及其特征

一、阅读服务的概念

本书中图书馆阅读服务是指图书馆利用馆藏资源、空间资源、人力资源等向社会公众提供与阅读相关的服务。如阅读推广活动服务、数字阅读服务、阅读空间打造、新书推荐、阅读指导等,直接或者间接促进国民阅读的服务。信息载体形式多样化带来阅读方式、阅读内容、阅读目的"连锁反应",信息载体有传统、数字、多媒体等多种形式,阅读方式从传统阅读方式到移动阅读、视频阅读、交互阅读和体验阅读多元阅读方式共存。

赵俊玲等人在其著作中指出,虽然阅读是一种个性化体验,但是许多人片面地认为阅读是一种个体行为。该作者还指出一个合格的阅读主体不仅应该具有阅读意识,还应该具有一定的阅读能力。阅读能力包括选择文献的能力、理解内容的能力、阐释能力、批判分析能力与创新能力。

阅读不仅仅是指个体、单向的行为,同时也指一种双向互动社会活动。激发国民阅读兴趣、帮助国民培养阅读习惯、提高国民阅读能力是图书馆提供阅读服务的出发点和目的。涉及阅读研究的学科十分广泛,如教育学、心理学、社会学、图书馆学等多个学科。

二、阅读服务的特点

图书馆阅读服务是图书馆利用自身资源开展与阅读相关的一系列活动的服务,以人为本的服务理念贯穿整个阅读服务。

图书馆阅读服务的特点主要体现在服务理念与时俱进、服务资源多元化、服务方式多样化以及智能化和专业化。图书馆阅读服务有以下特点:

(一)坚持以人为本

阅读服务一直坚持"以人为本"理念。随着社会发展,人的需求发生改变,阅读方式发生改变。图书馆阅读服务"以人为本"看似不变,但一直随着民众的需求与时俱进。传统阅读方式主要提供传统阅读服务,数字阅读方式开展移动阅读服务等数字阅读服务,从安静阅览空间到分享交流、热闹非凡的阅读活动服务,从信息中心角色到创造、分享、休闲娱乐的第三空间转变。"以人为本"理念一直贯穿在阅读服务每一个时期当中,是与时俱进的具体表现。"以人为本"是以满足"人"的需求为出发点,根据"人"的需求变化改变图书馆阅读服务方式和服务内容,是指导实践活动的指南针。

(二)阅读资源多元化

图书馆多元化资源建设,不再局限于传统资源。虽然图书馆传统资源是资源建设的重要组成部分,但是目前图书馆资源形式多种多样,包括纸质资源、数字资源、多媒体资源、三维信息资源和其他形式资源。多元化资源建设为提供高质量、优质化服务奠定坚实基础。

(三)阅读服务方式多样化

阅读服务包括地服务、流动服务、阅读空间打造、数字阅读服务、虚拟阅读体验服务、阅读推广等多样化服务。阅读服务已经融入读者生活、工作、学习等各方面,图书馆向学习、休闲、娱乐、交流、创造多功能"第三空间"转型。

(四)服务手段智能化

图书馆借信息技术创新之风推动服务智能化发展。大数据、云计算、智能感应技术、智能导航技术和增强现实技术及虚拟现实技术、人工智能、5G等各种新技术逐渐应用于阅读服务,促进图书馆阅读服务智能化。新技术发展创新引领阅读服务发展。

(五)服务人员专业化

图书馆服务人员专业化是提供服务质量和水平的基本要求,图书馆越来越重视馆员知识结构层次化和专业化。图书馆追求服务专业和服务深度,阅读服务是图书馆服务的核心工作。阅读服务专业化和深度化是图书馆服务基本要求,因此馆员专业素养提升十分重要。目前社会各界对于阅读推广人才的培养十分关注,图书馆界关于阅读推广人才的培养和培训已经开展,对阅读推广人才培养给予高度重视。

三、图书馆阅读服务的意义

图书馆是人们的终身学习场所,是保障公平获取知识的信息中心,也是捍卫平等自由的社会机构。图书馆开展阅读服务对社会文化建设、图书馆事业发展和个人成长具有重要意义。

(一)推动社会文化建设

社会发展离不开文化软实力,国民文化素质提高对"文化自信"具有积极影响。推动全民阅读,建设书香社会是我国长期以来推动的系统工程。全民阅读旨在促进全民培养阅读、学会阅读、喜爱阅读、享受阅读,并从阅读中得到提升,从而提高全民文化素养。图书馆在全民阅读活动中扮演着重要角色,全民阅读追求目标是"每一个人都参与阅读行列",强调"人人"。在开展全民阅读活动的社会机构中,唯有图书馆能够实现为"每一个人"提供服务。图书馆阅读服务包括为公众提供阅读指导服务,为未成年读者和儿童(低龄和学龄)提供的绘本阅读服务、家庭亲子阅读指导服务、针对老年人读者的特殊需求的阅读服务、移动阅读服务等可以满足

"每个"读者的个性化需求。图书馆俨然成为推动全民阅读的主要阵地。图书馆通过阅读服务提高国民阅读素养,提升国民文化素质,为我国文化建设注入新鲜活力,推动社会文化建设进程。

(二)加快图书馆事业发展

我国公共图书馆法和图书馆服务宣言中有相关条例阐明阅读服务是图书馆重要使命,图书馆提供阅读服务是履行社会职能和承担社会责任的具体表现。图书馆自身发展也离不开阅读服务,倡导全民阅读、书香社会和学习型社会推进给图书馆事业发展带来机遇。在图书馆阅读推广服务中宣传图书馆,彰显其社会价值,为图书馆事业可持续发展创造良好条件和环境。

(三)促进个人成长

阅读对每一个人的影响是巨大的。人们成长的每一个阶段都需要阅读,阅读可以影响人的性格,阅读能够培养良好品质,阅读可以拓宽眼界,阅读可以获得智慧,阅读能够充实自我。古今中外,阅读都被视为成长过程中最应该培养的习惯之一。

图书馆开展阅读服务为个人成长提供一个随时随地"充电"的空间,同时因为阅读服务具有服务方式多样、服务内容丰富、服务资源多元等特点,可以满足不同读者的阅读需求。阅读引导、阅读推广、阅读分享、阅读空间打造等让更多国民认识阅读、了解阅读、爱上阅读,意识到阅读对个人成长的重要性。图书馆开展阅读服务为读者提供阅读资源和阅读空间,服务不同年龄段的读者。从服务"小读者"到关注"大读者",帮助人们在成长过程中培养阅读、训练阅读、学会阅读、爱上阅读,让阅读成为不可或缺的人生"伴侣"。

第二节 图书馆阅读服务发展演进

阅读,已经成为全球关注的焦点。"世界读书日"为推动更多人阅读而设立,我国学习型社会、书香社会构建以及倡导全民阅读也是为了让更多国民加入阅读行列之中。图书馆作为社会文化服务机构,阅读服务是其履行社会职责和实现社会价值的途径之一。信息科技发展与创新、国家政策出台和国民阅读方式改变都在影响图书馆阅读服务的发展演进。

一、阅读服务发展演进时期

长期以来,人们是通过纸本等传统文献载体进行阅读。图书馆提供的服务都是传统模式、被动服务。20世纪初人们对图书馆的需求和社会发展对图书馆服务的影响,使图书馆出现"开放藏书,启迪民智"的观念转变,使图书馆服务理念实现从"重藏轻用"到"以用为藏"和"以人为本"的转变。这一时期的阅读服务主要以馆藏图书资源外借、阅览为主。从古代藏书楼"藏",到"开启民智"的公共文化服务,图书馆阅读尚处于传统服务时期。

(一)传统阅读服务

图书馆传统阅读服务时期的主要内容是文献外借、阅览服务、参考咨询服务以及传统阅读宣传等。

1.服务内容

(1)文献外借。传统阅读服务时期的主要服务是文献外借,文献外借从闭架服务到开架借阅服务,节省读者时间,也便于读者选择图书。文献外借服务在这个时期主要有传统手工借阅、馆际互借以及流动图书馆等借阅方式。

(2)阅览室开放。传统阅读服务时期图书馆主要作为藏书空间、流通空间和阅览空间。随着开架服务的发展,藏书空间和阅览空间逐渐合一,并且趋向于借、阅、检、询统一服务。阅览室作为图书馆传统阅读服务的实体空间,利用图书馆空间资源为读者提供服务,是阅读空间打造的最早体现。这个时期的阅读空间打造主要是为读者营造安静幽雅的阅读环境以及阅读氛围。

(3)传统阅读活动。图书馆从"为书找人"的角度出发,开展阅读推荐、阅读指导、交流会、培训班、图书展览等形式多样的阅读活动,不仅向广大民众宣传图书馆,让更多的人认识图书馆、了解图书馆并走进图书馆和利用图书馆,同时也为阅读服务打开了新视角。

2.服务特点

传统阅读服务受到古代藏书楼"重藏轻用""重管轻用"思想和现实条件的制约,图书馆服务工作常常受到忽视。这个时期的阅读服务在服务模式、服务观念、服务方式和服务重点等方面具有特定特点。

(1)服务理念被动。传统阅读服务过程中主要围绕"书"和"馆内"开展服务,重心在"藏书"和"管书"方面,因而不能根据读者需求主动提供服务,只能等待读者走进图书馆才提供服务。虽然开展流动服务,但是并未针对读者需求提供,服务被动性较强。

(2)服务内容单一。传统阅读服务时期有图书借还服务、实体阅览服务、书目推荐、传统阅读指导、读书交流会、培训班及图书展览等阅读服务,阅读活动存在形式化,读者参与活动较少,对读者活动满意度调查回访等也未引起重视。

(3)服务范围局限。传统阅读服务的局限性制约读者对图书馆的认识和利用。服务局限性表现在空间距离、开放时间、管理制度方面。首先,空间距离是指读者与图书馆的距离,空间距离是影响读者需求行为转变为利用行为的直接因素之一。其次,在过去很长一段时间里,图书馆的开放时间与读者的工作时间基本一致,导致读者利用图书馆受到了限制。最后,这个时期对图书管理有着严格的借阅、阅览和检索制度,这些管理制度对读者进行限制,甚至有些书库不开放,导致服务局限性和封闭性。

(二)数字阅读服务

随着信息技术的发展,社会逐渐进入信息化、数据化时期,人们获取信息的方式和手段不断发生变化。图书馆资源建设出现纸质馆藏和数字馆藏"两条腿"并行的情况,因此图书馆阅读服务也不能停留于传统阅读服务层面,人们对电子书、阅读APP等数字阅读媒介的选择,也促使图书馆改变阅读服务模式。阅读方式也出现传统阅读、互联网阅读和移动阅读方式共存,国民阅读方式改变图书馆阅读服务模式,同时数字图书馆建设提上日程,图书馆资源建设、管理、服务方式等多方面发生巨大变革。图书馆顺应时代发展,阅读服务从传统服务时期进入数字阅读服务时期。

1. 服务内容

(1)阅读导航。阅读导航是图书馆数字阅读服务的第一步,阅读导航指深层次、多角度地组织和揭示信息内容,以读者容易使用的方式展示馆藏,让用户轻松发现所需内容,即帮助读者更有效地找到所需资源。图书馆网站栏目设计和布局体现阅读导航功能,为用户发现馆藏和检索资源提供导向服务。

(2)阅读提供。阅读导航是帮助用户快速寻找资源的服务,而阅读提供则是为用户解决"如何读"的问题。传统阅读载体是纸质文献,数字阅读载体则是数字化资源,图书馆数字阅读提供在线阅读、资源下载和数字阅读器借阅等阅读资源提供服务。

(3)阅读互动。图书馆阅读互动服务是指读者参与图书馆开展的活动,实现读者与图书馆馆员、读者与读者之间互动交流。图书馆论坛是读者与图书馆馆员进行交流、评书荐书的平台,论坛是一种随意性较强的虚拟空间,读者可以自由在论坛上发表自己的想法和建议,而图书馆馆员则需要做好管理和引导工作,保障论坛"杂而不乱",为读者创建一个良好阅读交流空间。

(4)移动阅读服务。移动阅读方式兴起,给图书馆的发展带来新机遇和挑战。移动阅读服务是指图书馆针对移动终端推出数字图书馆APP软件或者数字阅读平台,读者在移动终端上可以利用图书馆资源,了解图书馆动态等。移动阅读服务具有移动性与即时性。数字阅读平台在资源整合和共享方面具有优势。虽然目前国内数字阅读平台建设面临很多问题,但是上海市民数字阅读平台和南京图书馆移动阅读平台的典型案例为数字阅读平台建设提供借鉴经验。

(5)"微"服务。"微"服务是指图书馆利用"微博"和"微信"平台提供阅读服务。"微"服务不仅在宣传推广图书馆方面具有优势,在与读者互动、提供咨询服务方面也具有优势。"微"服务是数字阅读推广活动宣传的有效方式,结合线上线下宣传,引导更多读者学会阅读、利用图书馆资源学习,提升个人的素养和能力。

(6)数字阅读推广活动。图书馆数字阅读推广是利用网络平台提供阅读活动服务,解决了传统阅读服务时期服务受众、服务时间局限的问题,使不能到馆的读者可以通过数字阅读推广活动享受图书馆阅读服务。数字阅读推广活动已经由"网络书香"主题活动发展到了视频、讲座、征文比赛、信息检索等内容丰富的服务。

2. 数字阅读服务特点

(1)服务模式主动化。数字阅读服务时期图书馆服务由被动向主动转变。图书馆根据读者阅读方式改变资源建设类型和内容,从传统资源到数字资源等体系化、特色化建设,为数字阅读服务奠定资源基础。通过网络媒体、新媒体等新媒介向读者推送图书馆相关信息。阅读服务从等待读者走进图书馆,到为读者推送信息、主动服务。

(2)服务方式多样化。图书馆利用互联网、新媒体开展阅读服务,如电子阅读器外借、数字阅读 APP 资源、扫码阅读、阅读平台资源整合、数字阅读推广活动等方向。数字阅读服务方式多样化,在服务中应用新技术不断提高服务效率、服务水平和读者满意度。

(3)服务平台在线化。数字阅读服务在线是指在网络平台上开展服务工作,数字阅读服务是从实体空间走向网络空间,阅读资源数字化推动图书馆服务空间的拓展和延伸,从服务进馆读者到通过互联网、新媒体等方式服务馆外读者。不仅扩大了服务受众范围,还可以将潜在读者转变为现实读者,拉近图书馆阅读服务与读者的距离,同时也能够引导读者走进图书馆,利用图书馆的各种资源进而实现图书馆的社会价值。

(三)智能阅读服务

随着智慧城市的建设与发展,智慧图书馆研究与实践也提上了建设日程,图书馆阅读服务也迎来新的时期——智能阅读服务时期。大数据、数据挖掘技术、物联网技术、情景化技术、RFID 技术、3D/AR/VR 技术、人工智能等技术的成熟与广泛应用为图书馆带来新机遇。"图书馆学新五定律"应用目的是提高服务质量和满足用户需求,并非以"技术至上"作为目标。智慧图书馆建设不仅需要人工智能技术的支撑,更需要智慧图书馆馆员人才。智慧馆员是智慧服务、智能服务的核心,技术是辅助手段。

1. 服务内容

(1)智能机器人。智能科技的成熟与应用对于智慧图书馆建设十分重要,图书馆智能机器人服务在阅读服务中发挥了很大作用。智能机器人通过交互系统、语音系统等与读者进行交流,为读者提供图书定位和智能导航,给出最便捷的取书引导路线,不仅给读者带来新颖体验,同时能够节省查找资源时间,提高服务效率。智能机器人还可以提供读报、读书以及分享其他读者读书感悟等服务。

(2)虚拟阅读体验。虚拟现实技术(VR)应用于读者阅读体验,通过穿戴式设备提供虚拟场景体验服务。虚拟体验服务有虚拟+阅读、虚拟+检索、虚拟+查询等。

虚拟阅读体验让读者的阅读更加轻松、愉快,并且更沉浸于阅读之中。场景式阅读体验是智能阅读服务方式之一,为读者打造一个全景化阅读空间。现实增强技术(AR)也带来阅读新体验,通过扫描二维码,就可以体验不同于传统方式的阅读乐趣。

(3)品牌阅读活动。智能阅读服务时期的阅读推广活动致力于打造品牌化阅读推广活动,通过打造品牌阅读推广活动,形成具有特定目标人群、活动名称、活动标识、活动方案、活动宣传等一系列完整品牌活动规划。这个时期的阅读推广活动从专业上进行深度挖掘,注重活动分级细化,针对更多的群体开展活动,服务辐射面很广。

(4)城市公共阅读空间。城市公共阅读空间是图书馆打通"最后一公里"的阅读服务,而且城市公共阅读空间是自助、智能化管理,为人们提供自助办证、自助借还等服务。这个空间从绿色、智能、便民、地域文化的角度进行设计,不仅在地理位置上充分考虑便民,还具有地域文化特色。亲民、便民服务方式让更多的人享受到图书馆的阅读服务。

2.服务特点

(1)服务场所泛在化。智能阅读服务场所已经不限于馆内,城市公共阅读空间打造及人工智能技术的应用,使图书馆阅读服务已经渗透读者日常生活的每一个角落。24小时自助图书馆、城市书房、地铁图书馆等各种服务形式弥补了图书馆阵地服务的不足,同时也拉近人们与图书馆、与阅读的距离。

(2)服务融入高新科技。阅读服务应用技术越来越多,新技术的应用使服务高效化、智能化和人性化。3D技术、虚拟现实技术、智能定位和物联网、人工智能等新技术的应用对馆员的专业需求更加严格,馆员的知识素养需要不断加强学习和培养。

(3)服务推送智能化。大数据、数据挖掘、用户画像等新技术的应用是图书馆实现智能化推送的技术支撑,读者阅读信息和行为可以通过图书馆借阅系统和读者信息管理系统进行分析统计,从而对每一位用户的阅读行为进行标签化处理,形成读者的用户"画像",针对读者的阅读习惯和兴趣进行精准化、个性化推送。智能化推送服务在馆内活动、馆藏结构、馆内导航方面也有所体现,根据读者在馆内的位置,通过定位系统进行馆内信息推送,让读者随时了解馆内动态以便及时参与其感兴趣的活动。

(4)阅读推广品牌化。智能阅读服务时期要求提高优质化服务,阅读推广活动品牌化是图书馆阅读服务主流形式,阅读推广活动针对目标人群策划品牌活动已经成为图书馆界的共识。阅读推广品牌化离不开阅读推广人才培养,因此人才培养成为图书馆服务建设的重中之重。

二、图书馆阅读服务发展演进影响因素

(一)信息技术创新引领阅读服务发展

人工智能、5G等高新科技逐步融入日常生活,给人们带来更多便利

和新体验,图书馆在对信息技术的应用方面一直是个先行者,其运用高科技不断提升自身服务质量。从被动服务模式到主动服务模式到如今自助化、智能化、人性化模式,离不开信息技术不断创新,同时信息技术的创新也为阅读服务带来创新机遇。由此可见,信息技术创新对图书馆阅读服务发展具有引领作用。信息技术创新发展过程中,图书馆阅读服务从单纯手工服务方式向在线化、自助化、人性化、智能化发展。随着人工智能和5G等技术的成熟和普及,图书馆将会不断优化服务、拓展服务、创新服务,为读者打造智能化、人性化的阅读空间和环境。

(二)国家政策指明阅读服务发展方向

全民阅读已经受到国家和社会高度重视。近几年国民阅读调查发现,国民阅读氛围浓厚,阅读兴趣高涨,阅读活动需求强烈,阅读推广得到社会各界关注。《中华人民共和国公共图书馆法》指明公共图书馆发展方向、基本目标和重点任务,同时也为我国公共图书馆事业发展提供法律保障。图书馆是一个公益性的文化服务机构,以满足读者信息需求为目标,是引导阅读、帮助阅读、解决阅读问题的阅读服务阵地。阅读服务是图书馆服务工作基础,为国家政策出台和法律制度建设指明阅读服务发展方向,做好阅读服务工作才能巩固图书馆的社会地位和得到国民的认可。

(三)国民阅读方式改变阅读服务模式

从国民阅读调查中发现,阅读已经从静止的阅读到行走的阅读,从系统化阅读到碎片化阅读,从深阅读到浅阅读,从心灵领悟到视、听、说等全感官阅读方式,国民阅读方式已经不局限于传统阅读,而是多种阅读方式并存。国民阅读方式改变阅读服务模式,在传统阅读服务时图书馆为读者提供文献服务;随着移动阅读方式流行,图书馆从传统阅读服务模式转向数字阅读服务和智能阅读服务,服务方式和内容都发生了改变。21世纪阅读开始趋向生活化和休闲化,图书馆为读者开展阅读活动,打造阅读空间,提供虚拟体验服务。国民阅读方式改变阅读服务模式,关注国民阅读行为和阅读需求,需要图书馆转变服务方式和内容,提供人性化服务。

三、图书馆阅读服务发展基本要素

图书馆阅读服务发展不仅受到外部因素的影响,同时也受到基本要素影响,这些要素主要表现在资源建设、空间打造和阅读活动开展三个方面。

(一)资源建设是服务基础

资源建设是图书馆事业可持续性发展的必要条件,也是提高阅读服务基础条件,正如"巧妇难为无米之炊",在没有阅读资源的条件下也很难提高服务质量。资源建设在图书馆领域一直是一个重点和难点问题,特别在数字化、信息化的今天,信息技术创新使得信息知识载体、获取方式发生很大变化。资源建设需要长远计划,不仅需要考虑传统资源和数字资源建设,更需要考虑资源建设的体系化和特色化。多元化、体系化和特色化资源建设有利于阅读服务不断创新,保障图书馆事业可持续性发展。

(二)空间打造是服务拓展

国外图书馆打造城市第三空间的成功案例为我国图书馆拓展阅读服务提供经验借鉴。阅读空间打造可以拉近人与图书馆的距离,把图书馆服务融入生活,让人接近图书馆,走进图书馆,走进阅读的世界。空间打造旨在提供更人性、更舒适、更温馨的阅读环境。把"第三空间"和"空间再造"理念融入阅读服务,拓展服务内容和方式,不再只是提供阅读资源。图书馆空间再造是在互联网时代下实现空间服务功能重组与转型的重要举措。"第三空间"是为人们提供便利、学习、交流的地方,同时可以休闲娱乐、放松心情、修身养性、消除内心压力等。图书馆空间打造是阅读服务的拓展,它以读者需求为中心,功能布局适宜流畅、格局衔接自然合理,创造出和谐、宽松、情感、平等的人文环境,同时也能够根据实际需求提供服务。

(三)阅读推广是服务创新

阅读推广是图书馆服务新常态,同时也是阅读服务创新形式。图书馆是阅读推广的主要阵地,图书馆馆员是阅读推广的主力军,图书馆阅读推广活动是阅读服务内容深化、教育职能升华、未来运行新常态,是创新的新表达。

阅读推广活动服务对象广泛,图书馆必须明确活动目标人群和阅读需求,针对性开展活动。正因为阅读推广面向的群体具有差异性,既带来创新机遇也存在服务挑战,同时也要明确活动内容和推广方式,不同的活动内容会产生不同的阅读效果。阅读推广服务是图书阅读服务创新方式之一。

第三节 图书馆阅读服务优化策略分析

为了应对目前图书馆阅读服务面临的挑战,同时也为了给读者提供优质阅读服务,本节从加强多元化资源建设、打造多样化阅读空间、提供优质化活动服务等方面提出策略,以促进图书馆事业发展。

一、加强多元化资源建设

图书馆资源建设是图书馆阅读服务基础,图书馆发展的根本也依赖于馆藏资源建设。随着信息技术的发展,知识的形式不再局限于纸质资源,图书馆必须注重纸质资源、数字资源、特色资源等多元化资源建设才能满足国民阅读需求和保障自身建设事业的发展。

(一)资源类型向传统资源与数字资源并重发展

1. 重视传统资源建设规划

(1)传统资源建设经费合理化

数字出版时代环境下,图书馆数字资源建设越来越受到重视,国内外图书馆的数字资源经费远远超过纸质资源经费,甚至占了总经费的70%~80%,增长迅速。公共图书馆近几年的数字资源建设投入也增长迅速。虽然数字资源建设比重逐年增长,但是对于纸质资源建设也不应忽视。

各馆根据自身服务定位,应合理分配各类资源建设经费并做好资源采购策略。纸质资源和数字资源"两条腿"并行方法是图书馆资源建设的最佳解决方案。两种资源建设的比重则需要根据图书馆服务性质和服务读者需求进行策划采购方案。不可一味追求数字资源使用上的"快、广、精、准"的优势就忽视其内容同化、价格昂贵等问题,同样纸质资源建设也需要考虑品种、复本等问题。未来数据库资源建设发展趋势应该更多地考虑联盟、合作、共建共享,而纸质资源建设更趋向于打造特色馆藏建设,但是都离不开"两条腿"并行的发展需求。

(2)注重读者驱动采购模式

为了解决图书馆图书利用率和流通率低的问题,图书馆在图书采购工作中应合理结合读者需求开展读者驱动采购模式服务,把部分资源经费用于读者参与资源建设的采购模式上,不仅增强读者参与感和满足对新书阅读的需求,同时解决图书利用率和流通率的问题。读者驱动采购模式把读者从阅读资源利用者转变为阅读资源建设参与者,既满足读者对于新书的需求又践行"以人为本"服务理念。目前,读者驱动采购模式有多种类型,如实地即采即借型,即图书馆与书店合作,形成馆中店或者店中馆模式。馆中店模式如佛山市图书馆的新书采购,店中馆模式如内蒙古的"彩云服务";线上快采快借型,即读者在图书馆管理系统中认证后便可以在线上通过合作书商的线上平台选择图书进行采购借阅,书商将读者所选图书通过配送商快速运送到读者手上,该模式在浙江省图书馆和新华书店集团已经得到了较好的实践效果。

图书馆注重读者驱动采购模式应该结合图书馆整体发展考虑读者驱动采购模式服务开展的价值,加强与图书馆其他服务活动结合,如与读者信息素养教育、学科服务、信息共享空间建设等相结合,以拓展读者驱动采购模式服务的价值和作用。

(3)注重多品种采购

面对纸质资源建设经费减少的情况,图书馆在纸质资源建设时应该注重多品种的采购策略。

2. 转变数字资源建设方式

随着数字图书馆建设和公共数字文化共享工程推进,图书馆在数字资源建设工作中逐渐将重心转向数字资源共建共享和数字资源整合方面。数字资源种类越来越丰富,依靠一个图书馆的力量越来越难以满足读者需求,因此联合建设数字资源平台以及整合数字阅读平台资源成为加强图书馆数字阅读资源建设的重要方式。

目前国内在教育、公共文化、社会科学三大系统中联合建设中国高等教育文献保障系统,中国国家数字图书馆、文化共享工程、国家科技图书文献中心等项目,主要都是图书馆、公共图书馆和专业图书馆间的共建共享。在公共数字文化共享工程建设过程中,图书馆、博物馆、档案馆、文化馆等机构的联合共建共享还存在数字资源建设标准不统一、缺乏跨系统服务平台等问题。图书馆联合档案馆、博物馆、美术馆等社会机构建设数字资源平台需要强化共建共享思想,强调权利与义务相统一;需要完善统筹管理制度,保障共建共享建设进程;需要构建数字阅读平台标准体系;需要加快构建联合数字阅读平台法律保障等各方面建设。

3. 整合数字阅读平台资源

整合数字阅读平台资源是指将物理上、逻辑上自主分布的、异构的数字资源,通过运用各种集成技术和方法将它们透明、无缝地连为一体,为用户提供"一站式"的服务平台,包括"统一检索、资源链接、身份认证、个性化服务等,同时通过整合能简化图书馆对馆藏资源的管理"。

图书馆整合数字阅读资源的方式多种多样,其一,通过联机公共检索目录系统。这是基于传统书目管理的整合方式,根据整合对象的不同进行馆外整合和馆内整合,馆外整合可以实现本馆与不同馆的系统数据库对接,建立统一的接口后便可以实现资源整合目标。此外该系统还可以进行核心资源整合和相关资源整合,核心资源整合是将系统中书目信息与其电子全文图书、电子全文期刊及视听资料的对应链接,相关资源整合主要指书刊与其评论信息、来源信息的对应链接。其二,建立链接式数字资源整合,即通过网络超文本链接技术将相关知识点链接在一起,从而形成具有相关性的知识网络,为读者提供数字阅读资源的便捷途径。其三,通过跨库检索系统整合数字阅读资源,不同的数据库检索界面和检索方式都有所不同,通过整合跨库检索界面可以提供读者检索效率和读者体验度。整合数字阅读资源检索界面是指将检索界面和检索结果反馈界面统一化,通过聚检索技术为读者提供服务。聚检索的服务只是一个代理检索界面,它并没有资源库,通过将读者输入的查询请求转换成相应数字资源系统的检索语言和条件,同时将各个资源系统的检索结果反馈到同一界面,读者点击链接便进入相应数字资源库。

4. 开放获取资源建设

开放获取资源建设方式是图书馆界应对数据商资源垄断的策略。开放获取资源建设可以在一定程度上缓解数字资源"漫天要价"的困境,同时网络信息资源数量庞大,可以为图书馆数字资源建设提供保障。此外这些信息资源建设成本远远低于数据库商的定价。开放获取资源建设的优势,目前已经成为图书馆数字资源建设过程中不可缺少的建设方式之一。

(二)资源内容兼顾体系化和特色化

资源建设不仅需要考虑资源类型,如数字资源、传统资源、视听资源等多种类型资源建设,同时也应从资源内容体系化和特色化视角进行资源建设规划。

1. 地方文献资源建设

首先根据图书馆所处的地域人文环境和地区发展明确特色馆藏资源的建设范围,可以在自身馆藏资源基础上强化特色资源建设,打造特色资源库或者平台。如从地方文献、地方人文、少数民族文化特色等角度考虑资源范围,并且不局限于当地采集,有意识地扩展地域范围,形成多维资料来源。其次,地方文献不仅需要维护文献原本形式,但也要拓展其他类型,才能更系统、更完整地进行自身建设。地方文献资源建设最终目的是服务,因此宣传工作成为建设过程中重要的组成部分,使文献资源为人们所知并加以利用才能实现资源建设的真正价值。

2.读者知识资源建设

读者知识资源建设的意义和价值已经得到验证,图书馆开展的借阅"真人书"活动就是开发利用读者知识资源,虽然国内外真人图书馆活动理念和主旨存在一些差异,但是都体现出注重读者隐性知识挖掘和关注读者需求的理念。读者知识资源不仅具有内容的广泛性、隐性和活性的知识形态而且具有阅读的互动性,不同于固态的图书馆阅读资源,其可以通过面对面的借阅方式,实现双向的知识流通。

图书馆建设读者知识资源需要考虑以下几点。

其一,明确读者知识资源建设的目的和主旨。首先,在明确活动主旨后确定资源建设的主题和选题范围,在主旨确定后通过选题确定读者知识资源建设来源,如面向社会公众征集,只要有意愿的读者都可以成为知识资料来源包括普通民众、特殊工作岗位人员等;也可以根据主旨需求控制来源范围,面向社会精英、在一定领域中具有影响力的人。

其二,组建专门工作成员。由专人负责读者知识资料来源范围、采集方式和借阅方式,同时在真人书借阅活动中承担策划、宣传等工作保障活动顺利进行,负责与提供知识资源的读者沟通相关事宜,达成共识。

其三,规范资源建设流程。资源建设工作的稳定开展需要规范化组织与指导,根据馆情制定有效的管理机制和运行机制,可以通过政府和社会出资赞助保障资源建设经费,同时在法律许可的条件下制定读者知识资源建设的相关工作制度。此外,加强宣传工作,提供读者知识资源建设的知晓度和认可度。资源建设的最终目的是服务读者,因此在建设的过程中加大宣传力度,不但可以使更多读者了解图书馆建设工作,也能让读者参与活动。

3.三维信息资源建设

VR/AR图书是三维信息资源的主要形式,其在儿童阅读资源收集、儿童阅读培养和古籍善本保存等方面具有突出优势。VR/AR图书不同于可穿戴式的虚拟现实技术，而是通过具体的电子阅读设备扫描实体图书，图书上的内容便会在电子阅读设备上以动态形式展现，如美国出版的VR系列《香蕉火箭科学图画书》，读者通过下载相应的APP后可以感受广袤的大草原上奔腾的马群，可以触摸到书中展现的一切事物甚至还能实现互动。我国国家新闻出版主管部门已经公布VR出版物的生产标准化机制，并且加快推广国际标准关联标识（ISLI）、中国出版物的在线交换（CN-ONIX）等标准。依托大数据、云计算、AR技术等先进科技，将文字、图片、音频、视频数据融为一体的三维资源很快进入市场，如武汉市档案馆联合武汉市广播电台、武汉市文化和旅游局共同推出全国首部非遗口述AR影像图书，推出后引起了社会很大反响。图书馆三维信息资源建设将是构成图书馆多元化建设的必经之路。因此图书馆在VR/AR图书资源等三维信息资源建设中首先把重心放在儿童阅读资源类、科普知识类的图书上，如低幼儿童的认知类和传统古诗词文化类等。同时制定三维信息资源的借阅和保管制度，对三维信息资源的宣传和阅读指导加以重视，开展VR/AR图书使用指导和阅读体验活动，从而吸引人们走进图书馆，关注阅读和培养阅读。

二、打造多样化阅读空间

随着信息技术发展和数字阅读流行，虚拟阅读空间随之产生。在某种程度上，阅读空间是随着阅读行为不断延伸而扩展。多样化阅读空间打造是图书馆阅读服务创新模式，从概念空间的目标而言，图书馆将会是集信息共享、教育学习、文化交流和休闲娱乐于一体的"第三空间"，从实际空间功能目标而言，图书馆将会打造功能化、智能化空间及虚实融合空间。从馆内主题、三维立体等功能化阅读空间设计、馆外智能化阅读空间布局、虚实融合空间的打造都为图书馆阅读空间服务增加亮点。

（一）馆内阅读空间功能化

1. 主题空间

打造主题空间是图书馆阅读服务的拓展，阅读空间打造目标不再限于打造创客空间、信息共享空间和知识共享空间,图书馆主题空间将从读者需求、地域文化和馆藏特点等角度打造具有主题特色的阅读空间。图书馆在打造主题阅读空间实践中,首先,应构建主题阅读空间的理念和目标,明确打造主题空间的服务理念和实现目标,从而确定打造原则、空间设计方案、主题选择范围等事项。其次,从空间环境布局、阅读资源、服务内容和主题图书馆员四个基本要素开展主题化阅读空间服务。再者,确定主题化阅读空间的内容建设,可以从贴近人们生活的角度选定主题,也可以从特殊读者服务选择主题,还可以从地域文化角度展开选题。最后,根据主题特征打造阅读环境。阅读空间环境的设计应融入主题元素,展现主题文化,使读者进入每一种主题阅读空间都可以感受到主题阅读气息和氛围。此外,这些主题阅读空间还应具有展示、开展讲座、读者交流等功能。主题化阅读空间还可以根据读者类型进行打造,如打造绘本空间、阅读疗法空间、经典阅读空间等。

2. 三维立体空间

三维立体阅读体验将突破二维阅读感受,能够调动读者全感官,给读者带来一种身临其境的体验和超乎想象的"穿越"感,从而更易于加深读者阅读印象和提升其对知识、信息的理解力。

三维立体化的阅读空间打造。首先,应加强与出版社联系,了解三维信息资源出版情况,调查读者对三维信息资源的需求以及同行开展三维立体阅读体验活动情况和读者反馈情况。其次,根据自身三维信息资源建设程度推广阅读体验服务活动,通过推广活动设计明确三维立体阅读体验空间的服务内容和对象,如三维立体阅读空间打造的主旨、阅读资源类型等。最后,加强对三维立体阅读空间宣传,打造阅读体验空间服务前进行服务活动预告,对三维立体阅读方式进行宣传,可以通过采访已经体验过或者正在体验三维立体阅读的读者,让他们分享自己对三维立体阅读的体验感受。此外,邀请专业人士开展虚拟现实技术等相关方面讲座,向读者介绍三维立体阅读空间的技术支撑、功能等知识。三维立体化阅读空间打造也是智能图书馆发展的需要,可以促进智能图书馆建设,提高图书馆智慧性和包容性。

(二)馆外阅读空间智能化

图书馆阅读空间服务不仅利用馆内空间资源打造多功能的阅读空间,也注重馆外智能化阅读空间打造,致力于打通图书馆阅读服务"最后一公里"的服务目标,实现图书馆阅读服务价值最大化。

1. 自助阅读空间

图书馆自助服务主要分为24小时自助服务和图书馆ATM机服务,前者是将图书自助借还设备、图书检测设备、视频抓拍设备、门禁设备、图书馆业务系统等技术进行整合,建成无人值守、读者凭证入内自助借阅的区域。后者是将银行自助柜员机的理念应用于图书馆服务之中,通过RFID、机械手等技术和图书馆业务系统的结合,建成无人值守、读者自主借还图书的服务站。

图书馆打造智能化自助阅读空间。首先,需要考虑选址的合理性、科学性和均衡性,考虑周边服务人群特点和阅读需求进行合理规划。其次,做好资源保障。从图书更新、热门图书、最新图书的角度及时补充自助阅读资源,同时提供数字阅读资源下载平台,保障阅读资源充足。自助阅读空间可以通过系统统计分析自助图书馆内读者的阅读行为,根据读者数据行为进行精准细化配置阅读资源,此外注重打造特色自助阅读空间,根据自助图书馆选址、服务人群等打造专题自助阅读空间。再者,注重智能化技术应用。在自助图书馆内引入智能机器人、智能语音助手等先进技术设备,不但能够实现智能化管理还能够给人们带来更温馨的服务。最后,通过新闻媒体进行宣传报道,设计自助阅读空间的品牌形象,同时在新媒体平台上进行宣传。此外通过线下活动,宣传自助阅读空间的功能和操作流程等,耐心指导人们如何进行自助阅读。

2. 城市阅读空间

随着"图书馆+理念"的兴起,城市阅读空间发展迅速,其发展显现出创建主体"跨界组合"、服务内容"业务混搭"、公益性与经营性运营相结合、"唯美+生态+体验"空间设计等特征。

城市阅读空间是图书馆联合社会机构打造的公益性阅读空间,在一定程度上拓展了图书馆阅读服务。打造城市公共阅读空间。首先,需要明确城市阅读空间的选址问题,如青番茄"InLibrary"把阅读空间的选址确定为城市中的酒店、咖啡馆、地铁等商业繁华地段。而北京西城区特色阅读空间则侧重于社区、公园、街道等公共场所。阅读空间的选址可根据图书馆与合作对象的性质决定,同时考虑服务人群特征确定城市阅读空间打造内容和主题。其次,考虑城市阅读空间提供"什么样"的阅读服务,图书馆跨界打造阅读空间需要考虑能够提供阅读服务的内容和类型。根据合作对象经营理念和服务特色提供专题阅读服务,如打造书法、绘画、茶艺、花艺等不同主题阅读空间。最后,考虑城市阅读空间环境打造问题。从空间视觉设计入手,融入唯美、时尚、个性的空间环境设计,同时也要注重融入文化元素,城市阅读空间打造也是宣传城市文化的途径之一。

(三)虚实融合环境一体化

虚实融合已经成为现代图书馆阅读服务的首要策略和方式,许多新馆建造或者旧馆改造,24小时自助服务、泛在阅读、馆内实时数据统计、馆内安全环境自动化管理及虚拟现实场景体验都实现虚实环境融合一体化。虚实融合拓展服务时间和空间,实体空间是虚拟空间的孵化器,前者功能局限催生了后者。新媒体虚拟空间可以为读者提供阅读咨询、阅读书目推荐、阅读活动预告、图书馆动态等信息服务,此外在移动服务平台上可以提供馆藏查询、图书借还、图书预约及参与活动报名等与阅读相关服务。新媒体虚拟空间是宣传阅读服务的有效补充。

图书馆虚实融合环境一体化不仅是两种形态空间共存,更重要的是两者互动、有机融合,形成完整互动链。通过互联网技术、二维码等新技术支撑,在虚拟空间聚拢读者,在虚拟空间提供阅读服务,如读者通过网上借阅平台提出借阅需求,图书馆找到读者所需图书后通过物流直接邮寄给读者或者投放至读者附近的分馆中,同时通过网上借阅平台通知读者,这种虚实融合、环境一体化的服务模式拓展服务内容,同时服务时间和服务范围也在一定程度上得到拓展。

三、提供优质化阅读推广活动

图书馆阅读活动深化服务内容,升华图书馆教育职能,是服务新常态也是服务创新的新表达。图书馆开展优质化阅读活动需要联合社会力量、引入服务新理念以及强化人才培养。

（一）打开合作共赢之门

"互联网＋"中的"＋"代表着联合、融合、跨界、开放、变革,"互联网＋"时代,是一个"跨界"时代,每一个行业相互渗透,行业边界被打破,促使行业间相互吸收、融合。在此背景下,图书馆深受"跨界融合"影响,如 2016 年和 2018 年的"上海国际图书馆论坛"都对"图书馆跨界合作"主题进行探讨和研究。图书馆融合社会力量成为"图书馆＋"主要形式,图书馆跨界融合、合作共赢的主要实践案例是,与书店、出版社合作,与数据供应商融合,与网络电商跨界合作,与互联网等新媒体和新技术融合,融入信用评估,与文化休闲类机构合作以及其他阅读服务组织合作,这些跨界融合实践为图书馆阅读活动跨界合作提供了经验。再加上阅读推广活动主体多元分布,社会各界积极投入阅读推广行列,图书馆应打开合作之门,联合社会力量共同策划优质化阅读推广活动。

1. 联合商业机构开展阅读推广

图书馆＋书店、图书馆＋咖啡店、图书馆＋花店等"图书馆＋"跨界融合模式是图书馆阅读服务新形式,这些悄然形成的阅读空间已融入读者生活。图书馆融合商业机构联合开展阅读活动成为图书馆阅读服务创新举措:与商业机构合作,由商业机构提供活动场所,图书馆提供主题阅读资源,同时根据商家经营产品,开展相应活动主题。如图书馆与花店联合开展花艺培训,不仅吸引爱花读者,让读者了解花艺,从而使读者对花艺相关的书籍产生兴趣,自然促进阅读,同时也提高花店的知名度,实现双赢目标。图书馆联合商业机构主要为了营造休闲阅读氛围,打造更和谐亲民的阅读空间,使阅读融入人们生活的方方面面。

2. 联合专业机构开展阅读推广

针对读者较为关注的健康、教育、成长、医疗等方面策划阅读推广活动。由于馆员知识结构有限,难以满足读者需求,但是图书馆可以打开合作之门,通过联合专业机构开展专业信息咨询会、讲座、知识讲堂等活动,联合专业机构补充服务形式和丰富服务内容。图书馆阅读活动主题随着阅读需求泛化将会越来越深入和专业,开展专业性较强的阅读活动对于没有专业基础的馆员具有难度,通过联合专业机构开展活动可以解决这个问题。图书馆在选择联合专业机构时需要从读者需求调查着手,充分了解读者需求,最大限度保障活动开展效用。同时也应该与专业机构达成合作协议,形成稳定合作关系。

3. 联合民间阅读组织开展阅读推广

我国民间阅读组织主要针对儿童阅读和未成年人阅读开展活动,为推进全民阅读注入了新的活力。民间阅读组织在儿童阅读方面主要以学校和社区为主要阵地,这方面对于公共图书馆而言是一种很好的补充。目前影响力较大的儿童阅读民间组织有中国乡村教育与发展促进会、真爱梦想基金会、天下溪公益图书平台、担当者行动、海外中国教育基金会、六和公益、爱心点灯、蒲公英乡村图书馆、亲近母语研究院、西部阳光农村发展基金会、纯山教育基金会、陈一心家族基金会等。虽然它们服务人群定位各异,但都把志愿服务与公益项目相结合,致力于推动中小学素质教育发展。图书馆与民间阅读组织的目标不谋而合,两者联合开展阅读活动,对于儿童阅读建设具有极好的社会影响力。民间阅读组织的服务开展到哪里,图书馆的脚步就走到哪里,一方面可以为民间阅读组织提供阅读推广活动指导,另一方面双方共同搭建阅读服务平台,二者优势互补,可以凝聚更多喜爱阅读的人。

图书馆打开合作之门,联合社会力量提供阅读服务带来多方面积极作用。首先,拓展活动内容。社会力量涉及面广,可以使"阅读"与更多的元素联合发展,增强读者的认知度。其次,加强活动时效性。社会组织具有较强的社会变化敏感度,通过联合社会力量开展活动能够及时融入社会热点,增强读者的新鲜感。再次,保障活动专业性。专业性较强的阅读活动有了专业人员和专业机构的加入,活动的精准性和切入点会得到保障,增强读者的获得感。最后创新活动形式。联合社会力量开展活动的形式增多,不再限于单一的读书活动,可以选择实际操作、参观、交流等形式,增强读者的参与感。

(二)引入创新服务理念

"分众阅读"是阅读文化学的基本原理之一,由"分地读物推广""分级读物推广""分龄读物推广""分时读物推广""分类读物推广"等,共同组成阅读文化学的重要方法论系统。把"分众阅读"理论作为阅读活动服务指导思想,创新服务理念。"分众"阅读活动是指图书馆根据读者群的年龄、职业、兴趣等加以细分,然后再根据细分读者群体的阅读需求进行组织、策划"分众阅读"活动形式和内容,以实现满足目标读者的需求的目标。

1."分地"阅读推广活动

图书馆阅读推广活动针对读者特征细化分众,开展"分地"阅读活动。不仅满足不同读者需求,同时拓展阅读活动受众范围,解决目前图书馆阅读活动服务受众范围不广问题。"分地"阅读活动主要根据每个人都有自己的故乡,归属感较强烈,图书馆拥有一定地方文献和乡土读物,在此基础上开展家乡情怀和乡土文化主题的阅读推广活动,引起读者共鸣。此外,分地阅读推广还可以根据推广地点开展阅读服务,如流动图书馆进入工地、养老院、学校、监狱等不同的地点为不同的人群提供针对性的阅读服务。

2."分级"与"分龄"阅读推广活动

"分级"与"分龄"阅读推广活动主要根据读者年龄阶段不同、具有不同的阅读需求开展的服务活动。从儿童和青少年的身心和思维发展特征出发,开展不同成长时期的阅读活动,旨在培养读者阅读兴趣、引导读者阅读、帮助读者学会阅读。公共图书馆在"分级"与"分龄"阅读推广活动方面主要针对儿童、未成年人、老龄人开展。

3."分时"阅读推广活动

"分时"阅读活动主要根据"时间"开展相关主题阅读活动,如每年世界读书日,图书馆都会开展多种形式活动推广阅读。利用一个具有纪念意义的"时间"作为阅读活动主题进行阅读推广,可以增加阅读趣味性和读者参与率。我国传统节日资源丰富,每一个传统节日所蕴含传统文化和美好愿景都可作为图书馆进行阅读推广活动的主题和内容。如春节、端午节、中秋节、重阳节等都具有浓厚主题意义。此外,除了这些传统节日以外,还可以从国庆节、儿童节、建军节、教师节等具有主题含义的节日出发,开展主题阅读活动。图书馆在策划阅读推广活动时应该从与读者生活相关的角度思考,融入读者的生活,才能吸引读者关注活动和参与活动,才能实现阅读服务的目标以及达到阅读推广的效果。

4. "分类"阅读推广活动

"分类"阅读推广活动主要是从不同活动类型开展阅读活动,如数字阅读活动、经典阅读活动和时尚阅读活动等多种类型阅读推广活动。数字阅读活动主要开展数字阅读资源宣传、数字阅读方式培训指导和数字阅读体验,在数字阅读活动中推广馆藏数字资源建设,宣传数字资源平台和指导读者下载移动数字阅读 APP 等。"分类"阅读推广活动不仅注重从不同主题分类,也注重从活动类型分类,目前国民阅读方式多元化,阅读活动形式和内容也十分丰富多样,从活动类型的角度策划阅读推广活动可以满足读者不同阅读方式的需求,同时也可以实现阅读活动受众范围扩大的目标。

(三)强化人才培养力度

1. 转变培养模式

专业化阅读推广馆员的培养需要有具体培养方案,包括培养目的、培养模式和培养手段等几个方面。首先,理论学习与实践工作相结合,通过支持馆员参加各省和中国图书馆学会举办的阅读推广人培训班和会议,进行阅读推广服务理论专著学习和案例分析学习,听取行业专家专题报告等多途径进行理论学习。同时在开展活动后及时进行总结汇报,把实践中遇到的问题,结合理论与实践进行总结分析。其次,专业教育和继续教育相结合,短期在职人员的继续教育目前主要有国家性和地方性阅读推广人培训,不断出版教材,形成系统化教育培训体系。专业性教育目前较少,可以借鉴国外培养经验,在图书馆学专业下增设阅读推广研究方向,采用跨院校、跨专业的合作培养模式,培养具有专业知识和专门技能阅读推广人才。最后，采取多种培养方式。一方面通过实地参观学习、现场教学形式和面对面交流的方式进行学习。另一方面借助网络平台在线学习，如"阳光悦读"直播间邀请了王余光教授等知名学者分享研究成果和指导理论学习；iGroup 在线课堂，该课堂开设过国际阅读推广案例分享、经验交流和国内图书馆、公共图书阅读推广等课程。

2. 培养核心能力

图书馆开展阅读活动趋向品牌化和专业化，因此从事阅读推广活动的馆员必须具备相关素养和核心能力。专业化阅读推广馆员应该具备良好职业品质、专业基础、阅读素养和良好的文献服务水平等基本素养，在满足基本素养条件下培养核心业务能力。对于专业阅读推广人才的培养。首先应该培养其策划、组织能力，包含阅读活动主题、活动项目、任务分配、活动方案、经费预算以及活动结束后的总结评估。其次，注重其写作宣传和活动营销能力，阅读推广活动需要好文案、好宣传、好总结和细分析，这些都离不开扎实文字功底和良好写作风格。在纷杂凌乱的网络环境下，能够直击心灵的文字才能让读者停止滑动的指尖，高质量、高水平的宣传文案才能吸引眼球、增加人们的兴趣和提高读者黏度。此外，在跨界合作背景下培养沟通协调能力更显重要性，图书馆员具有良好沟通协调能力不仅在部门沟通协作工作中具有积极作用，在与其他机构合作时则变现为"公关能力"，主要为控制能力、介入能力、适应能力和协调能力。以上核心业务能力并不是要求所有的馆员都具备，而是可以根据馆员自身现有的能力条件注重培养一方面或者几方面的核心能力。

3. 强调考核评估

建立严格的培训考核和评估制度，是对阅读推广人培养的效果保证。每一位参加培训的阅读推广人在接受培训和培训后都应该进行考核评估，只有通过考核才能认证其阅读推广人资质。考核评估机制不应只有培训结束后的测评方式，应强调在培训过程中完成相应实践活动，如策划活动方案、宣传方案以及总结分析等综合能力的评估，达到以"评"促"学"目标。强调制定严格的考核评估制度，一方面可以让学员在课堂上集中精力认真学习,避免逃课或散漫情况发生。另一方面可以在考核评估中了解学员学习程度,通过考核评估了解学员掌握程度和各自的需求,因材施教,使阅读推广人的能力真正得到提高。

阅读推广人培训考核评估也应该制定短期制和长期制,短期的考核评估主要针对在培训期间对学员学习情况的了解,长期的考核评估则在培训后的工作中进行评估,只有在实际工作中才能真正评估阅读推广人能力和检验培训效果。因此长短期考核评估制度相结合才能真正评价阅读推广人的培养效果,也能在考核评估期间发现培训中存在的问题、需要调整哪些培养方案和解决问题的办法,从而完善培训体系,保障培训效果和质量。

品牌化阅读活动服务需要以专业的活动推广人作为支撑,注重阅读活动推广人的核心能力培养和专业素质提高是对品牌化阅读活动服务的成功保障。人才的培养是阅读服务不可或缺的重要部分,只有专业化人才才能够保证阅读活动服务的持续开展和良好的效果。

第六章

数字时代图书馆的服务与创新

第一节 图书馆服务能力系统的全面提升

图书馆的服务能力直接影响着图书馆的服务品质,进而影响着图书馆资源的利用效益以及用户对图书馆的服务体验,决定着图书馆的社会价值。对图书馆服务能力的研究是图书馆服务与管理研究不可或缺的重要内容,而图书馆服务能力的全面提升,对于图书馆的综合实力以及产生的核心竞争力影响深远。

图书馆的服务能力是图书馆综合实力在服务活动中的具体体现,是图书馆服务活动中相关要素相互作用的结果。本文拟将图书馆服务能力作为一个系统加以分析,试图通过对图书馆服务能力的基本要素、服务能力系统结构、服务能力系统特点的讨论,在系统工作原理指导下,以全面质量管理思想为指导,深入探讨图书馆服务能力的全面提升问题。

一、图书馆服务能力及其系统结构

(一)图书馆服务能力

《辞海》及多数心理学教科书将"能力"解释为,成功地或顺利地"完成某种活动所必需的个性心理特征"。这一解释的关键点在于人的个性心理特征与实践活动的结合,强调能力是与人的心理活动和实践活动"紧密联系的",是个性心理特征在一定的实践活动中通过一定的行为方式表现出来的。人的能力有基本能力与特殊能力之分,个性心理能力以及在心理能力支配下产生的日常行为能力是人的基本能力,而人的基本能力要素相互作用,与特定实践活动结合,依托特定的实践条件,采用特定的实践方式,成功完成特定的实践任务,则产生了特殊的能力或专门能力。"要想完成任何一种复杂的活动,需要多种能力结合构成一个系统",同时也需要特定的实践活动要素作为能力展示的平台和能力发挥作用的基础。基本能力要素、特殊(专门)能力要素与实践活动要素相结合,共同构成了完整的个体能力系统。

图书馆服务能力也有基本能力与特定能力之分,其基本能力是图书馆在图书馆组织文化以及基本实践活动条件支持下产生的完成日常业务工作的能力;其特定能力则是由图书馆特定的服务宗旨、服务目标以及特定的服务实践活动所规定,依托图书馆的服务条件,采用特定的服务方式、服务手段,为完成图书馆服务任务而具备的能力。不难看出,成功完成图书馆服务任务是图书馆各种能力要素共同作用,并使各种能力要素与特定的服务实践活动要素相结合的结果。图书馆的各种能力要素和服务实践要素有机结合,便构成了整体关联的、有序的、可操作和可感知的图书馆服务能力系统。

(二)图书馆服务能力的基本要素

当代图书馆的任何一项工作都是围绕服务、以服务为核心而进行的,因而图书馆服务能力的基本要素实质是影响和支持服务的图书馆各项工作,即:

1. 图书馆的资源体系建设

包括图书馆文献信息资源,基础设备、设施、馆舍资源,人才资源,技术资源等。这是图书馆服务的基础支撑条件。

2. 图书馆组织文化建设

包括组织共同的道德观念,共同的价值观,共同的行为准则,共同的服务精神等。这是图书馆服务理念、服务能力形成的精神文化基础。

3. 图书馆基本业务体系建设

包括文献信息资源的收集、整理、加工、组织以及服务等工作体系,图书馆业务部门、管理部门等。这是图书馆服务赖以活动的基本实践平台。

4. 图书馆开展服务工作的基本能力和特有服务能力培养

这是图书馆服务得以发挥作用,充分显示图书馆资源、组织文化以及业务工作成就的重要手段。

5. 图书馆服务的战略规划、策略设计、管理机制

这是图书馆服务任务得以成功完成的保障。

(三)图书馆服务能力系统结构

本文认为图书馆服务能力系统是以上各种基本要素加上图书馆服务的实际活动,以及在实际活动中的行为方式共同构成的功能系统。该系统首先由各种服务能力要素和服务实践活动要素有机结合,形成特定的能力要素集。其次则由这些要素集相互作用,构成不同层级的能力子系统。最后由各层级能力子系统构成整体关联、相互依存、互动有序的服务能力系统。如果将该系统结构看作是展示图书馆服务能力的大舞台,那么基础能力就是服务能力表现的后台能力和基本功;表现能力则是服务能力正式的前台表演。毫无疑问,管理能力起着将后台能力与前台能力连接起来的舞台编导作用,而发展能力则代表了图书馆服务能力持续发展的新目标。整个系统中,后台能力服务于前台表现,后台能力越强大,对前台能力提供的支持就越有力;而前台表现的优劣,则直接影响图书馆的服务质量、用户评价、社会形象和社会存在价值。

二、图书馆服务能力子系统结构分析

(一)基础能力子系统

基础能力子系统由五个要素集构成(见表6—1)。

表中资源体系、组织文化是图书馆服务的基本条件。一定的资源条

件和组织文化,促成图书馆服务活动体系以及图书馆基本业务能力的形成,同时也促成组织基本能力与图书馆服务活动地有机结合,进而形成图书馆特定的服务能力。在整个图书馆服务能力系统中,这五个基本要素集是图书馆顺利开展服务工作、完成服务任务、展示服务能力、实现图书馆服务目标的基本条件,缺一不可。

表6-1 图书馆服务基础能力子系统要素表

要素集	基本要素概述
资源体系	物质资源(如图书、期刊、电子出版物、数字化资源、网络资源等文献信息资源;相应的设备、设施及馆舍等);技术资源(支持图书馆服务的信息技术以及由此构成的信息服务系统和服务平台,如资源集成管理系统、集成服务系统、信息交互平台、网络资源服务系统、资源开发挖掘系统等);人才资源(服务人员数量、服务人员素质等);财力资源;等等。
组织文化	组织共有的理想、信念和价值观,组织道德规范,组织行为准则,组织形象,组织精神,组织知识,组织智慧,组织经验,服务宗旨,服务理念,等等。
服务活动体系	图书馆各种信息资源(包括纸质文献资源、电子文献资源、数字文献资源、馆藏文献资源、非本馆文献资源、网络文献资源等)的获取、整理、加工、组织、检索、传递、提供、开发、利用以及参考咨询、交流互动、文献翻译、文献复制等服务实践活动内容,相应的服务部门设置等。
基本业务能力	图书馆实践活动的认知能力;图书馆实践活动的行为能力;图书馆实践活动的学习能力;图书馆实践活动的创新思维能力;图书馆完成基本业务工作的能力,包括各种文献信息资源的获取、整理、组织、加工、借阅等能力。
特定服务能力	利用资源体系、组织文化将组织的基本业务能力与图书馆服务实践活动结合起来,形成完成各种服务实践活动的特定能力,包括文献信息资源检索、传递、提供、开发、利用、翻译、复制以及参考咨询、交流互动、技术应用等能力。

(二)管理能力子系统

管理能力子系统由战略规划、策略设计、管理机制三个要素集构成。

图书馆服务能力战略规划是图书馆为实现图书馆服务目标,培养和提升图书馆的服务能力而做的长远和宏观思考;策略设计是将战略规划转化为具体的服务能力,并提出具体的转化方案,解决具体服务能力问题的谋划,主要为图书馆服务战略及能力提升战略的全面落实提供明确的能力要求指标和方法手段。战略规划重在解决目标问题,策略设计解决实际操作问题,管理机制则是服务战略和策略的保障,共同体现图书馆的服务管理能力。

(三)表现能力子系统

表现能力子系统由四个要素集构成(见表6-2),是图书馆服务能力在前台的展示和具体操作层,也是图书馆基础能力和管理能力的外化形式。服务形象和基本服务能力的表现体现了整个组织的价值取向和文化取向,是图书馆是否具有感染力和凝聚力,是否具有开展服务工作并获得用户信任的能力;特定服务能力由图书馆特定的业务工作和服务活动而规定,是图书馆特有的、可操作的、用户可感知的服务能力,也是图书馆服务形象和基本能力的深层表现。不可忽视的是,随着现代信息技术在社会各行各业的广泛应用,用户对于图书馆利用现代信息技术提供服务逐渐产生依赖,技术应用能力表现的强弱,对于图书馆整体服务能力的表现以及用户感受至关重要。

表6-2 图书馆服务表现能力子系统要素表

要素集	基本要素概述
服务形象表现	图书馆服务理念、价值观的外化,图书馆组织文化特征展示,图书馆整体服务形象、团队精神面貌的表现,馆员基本素养表现,馆员行为表现等。
基本服务能力表现	对图书馆服务活动目标认知能力的表现,完成图书馆服务活动任务的行为能力、技术能力的表现,学习和应用新技术新方法的能力表现,图书馆实践活动经验的总结能力表现,创新思维能力的表现,图书馆各种文献信息资源的获取、整理、加工、组织、发布等能力的表现,与用户交流沟通能力的表现等。
特定服务能力表现	图书馆各种文献信息资源的检索、提供、开发、利用等特定服务能力,信息服务能力、参考咨询服务能力,网络信息资源获取、导航和服务能力,数据库资源服务能力,文献传递、翻译、复制等服务能力,文献信息服务的准确性、可靠性、便捷性、专业性、特色化、个性化等能力的表现等。
技术应用能力表现	文献信息资源集成管理系统应用能力,集成服务系统应用能力,信息交流互动平台应用能力,网络资源服务系统应用能力,数据库系统服务能力,资源开发、数据挖掘、数据推送、远程服务等能力等。

(四)发展能力子系统与服务能力提升调控反馈机制

发展能力子系统是在图书馆服务能力可持续发展的思维下产生的,

对于图书馆服务能力的可持续提升具有重要意义。发展能力子系统由三个要素集构成(见表6-3),首先对已往图书馆服务能力的表现进行评价。其次对如何发展和提升图书馆服务能力提出新的能力指标。最后就如何达到新的能力提出措施建议,并反馈给其他子系统,为从整体上发展、提升和优化图书馆服务能力提供参考。

表6-3 图书馆服务发展能力子系统要素表

要素集	基本要素概述
能力效益测评	服务质量达标评价,服务效益达标评价,服务能力达标评价,用户满意度测评等。
能力提升指标	根据能力效益测评结果进行分析,提出能力提升的新指标。
能力提升举措	根据能力提升新指标提出解决方案,并将其反馈给其他子系统。

整个图书馆服务能力系统是具备反馈机制的系统,图书馆是否具备常规性的反馈调控机制,也反映了图书馆是否具备提升和发展服务的能力。在反馈循环中,图书馆服务能力各子系统的功能不断被优化和强化,使得图书馆整体的服务能力更强,服务效益更高,社会形象更佳。

三、图书馆服务能力系统的特征

(一)系统的整体性和关联性

图书馆服务能力系统是图书馆各种服务要素相互融合、各能力子系统相互依存的整体关联的复杂系统。其中,各子系统的存在与整个系统的存在互为基础;各服务能力子系统相互影响,形成相互关联的有机体;各子系统要素相互融合,共同发挥作用,完成图书馆服务任务。图书馆服务能力系统的这种整体性和关联性,体现了一般能力系统的普遍要求,同时也体现了图书馆服务能力系统的特定要求。只有整个系统连接成为有机整体,才能体现系统功能的力量。

(二)系统的有序性和动态性

图书馆服务能力系统的整体关联性以及要素之间、子系统之间的因果关系和层级关系,形成了有序的系统链,使各要素及子系统之间的关系变得明确。当某一子系统或某一要素发生改变时,与之关联的子系统和要素就会连锁反应,从而对图书馆如何调整或完善该子系统或要素的功能提出新要求,促使图书馆服务的改进。随着图书馆服务实践活动的变化和发展,图书馆总是需要调整子系统功能或要素组合,使系统始终处于打破平衡又获得平衡的动态循环状态。有序性和动态性相互作用、循环往复,促使图书馆服务能力不断满足新的服务要求,不断得到提升和发展。

(三)特定的目的性和服务指导性

图书馆服务能力系统有其特定的目标,总目标是使图书馆服务能力得到充分表现,并获得图书馆服务的最高品质。各子系统在总目标指导下,通过实现子系统目标,使系统的总目标得到落实,即:通过资源体系、组织文化建设,为服务品质的提升和服务能力的发挥奠定基础;通过有效管理,使服务能力得到彰显;通过服务能力的彰显,体现其服务的效益;通过服务效益和能力的评价,使图书馆服务品质在更高起点上发展等。正是图书馆服务能力系统明确的目的性,以及图书馆不懈的目标追求,使图书馆服务能力系统对图书馆服务工作以及服务能力的提升和发展具有特殊指导意义。

(四)特定的实践活动依赖性

特定的图书馆服务实践活动依赖性是图书馆服务能力系统区别于其他系统的重要特征。进入 21 世纪后,随着现代信息技术在图书馆的广泛应用,用户需求日益增长,图书馆的服务任务更加多元,服务内容更加丰富,服务手段更加复杂,图书馆服务能力的提升和发展也更加依赖实践条件和实践平台。图书馆组织应当关注图书馆服务实践的发展趋势,通过科学的战略思考和策略谋划,搭建更为丰富的服务实践平台,使图书馆服务能力得到更充分的展现,使图书馆的服务品质更高。

(五)特定的基础条件规定性

资源体系是图书馆服务能力依赖的物质基础,组织文化是图书馆服务能力依赖的精神基础,而组织基本能力和组织的服务活动内容则对于形成图书馆特定的服务能力起作用。以上都是图书馆服务能力系统构建及服务能力发挥作用不可或缺的特定条件。提升图书馆的服务能力必须关注资源体系和组织文化建设、服务实践活动内容的开拓以及图书馆基本能力与特定能力的培养。

四、面向系统的图书馆服务能力的全面提升

(一)系统工作原理与图书馆服务能力的提升

综上所述,图书馆服务能力系统是典型的功能系统,其层层相连、环环相扣的系统结构以及既有一般系统关联性、整体性、目的性、有序性、动态性的基本特征,又具有图书馆服务能力系统特定的条件规定性和实践依赖性特征,使其在系统功能的发挥中应当遵循系统工作原理。系统工作原理的基本点是根据系统的既定目标以及系统特征,对系统中各个要素和子系统进行优化调配,使各要素和子系统成为相互依存、相互作用的功能链,并形成共同完成工作任务的整体,最终发挥系统的整体效能。图书馆服务能力提升的目的是在整体上提升服务质量,在系统工作原理基础上讨论图书馆服务能力的提升问题,其核心就是根据图书馆服务能力系统的整体目标、系统结构以及系统特征,对图书馆服务能力系统中的各能力要素、各子系统要素及其在服务活动中的系统关联质量进行整体优化,使图书馆的服务质量达到更高品质。

1.各服务能力要素和子系统的整体优化

要素及子系统优化的目的是使各服务能力要素及子系统的质量与其在系统中的位置吻合,达到满足服务质量要求的最佳状态,而不是使每个要素或子系统独立达到某一所谓的高标准,使相互间的作用失去平衡。提升图书馆的服务能力必须关注系统中每个服务能力要素和每个子系统自身的质量以及相互间的适应质量。

2.系统关联质量的整体优化

将每一要素合理组织成要素集,进而组织成子系统、系统,并使它们环环相连,总是处于相互作用、功能发挥的最佳状态,同时使它们总是能够在服务工作中通过相互间的关联作用调整自己的状态,并达到最佳服务质量要求,是图书馆服务能力系统关联质量整体优化要达到的主要目的。因而,提升图书馆服务能力还必须关注系统中各要素及子系统的实际活动质量,即图书馆服务活动过程中的表现质量,重点应当关注各要素及子系统在其表现过程中与其他要素及子系统的相互配合,并实时调整不能很好履行系统功能的要素和子系统。

(二)系统工作原理与全面质量管理理论的引入

以上讨论表明,图书馆服务能力提升的本质是解决图书馆的服务质量问题,图书馆服务能力的全面提升则涉及图书馆服务能力系统中各要素、各子系统的质量以及各要素、各子系统的关联运行质量,可以说没有以上两方面质量问题的解决,图书馆服务能力的提升就是空话。这里涉及如何进行图书馆服务能力的系统管理问题,我们不妨引入全面质量管理理论对此进行讨论。

"全面质量管理理论是一种倡导全员、全程的管理和控制,强调产品和工作质量共同提高的系统性管理理论。"国际标准化组织1994年颁布的国际标准ISO8402:1994将全面质量管理理论定义为"一个组织以质量为中心,以全员参与为基础,目的在于通过让顾客满意和本组织所有成员及社会受益而达到长期成功的管理途径"。该理论的基本思想在于,关注"组织中所有工作、所有活动的质量""强烈地关注顾客"或用户,"强调为用户提供最佳质量的产品"或服务;持续不断地"改进组织中每项工作的质量"。

应用全面质量管理的基本思想考察图书馆服务能力系统的优化以及服务能力全面提升的问题,就有了如何关注工作或活动质量,如何关注用户,如何持续改进工作质量的问题。本人曾经在一篇论文中提出两个中心和四个"全"字的观点,即遵循以用户为中心,以质量为中心的原则,实现"全过程监控、全方位管理、全员参与、全面受益"的管理。我认为,以此观点讨论图书馆服务能力系统的全面质量优化以及图书馆服务能力的全面提升,也是有意义的。

第一,图书馆服务能力系统优化及服务能力提升的目的就是使用户获得满意的高质量的服务,如果不以用户为中心,不以服务质量为中心,达此目的则不可能。

第二,图书馆服务能力系统的优化及服务能力的提升,既包括系统中每个要素、每个子系统的质量要求,也包括每个要素、每个子系统的运行质量要求,只有对其质量进行全过程监控、全方位管理才能保证服务质量,并提升服务能力。

第三,图书馆服务能力系统中的各要素和各子系统的运行是层层相接的工作过程。在这一过程中,每一层级都可看作上一层级的用户;每一层级都应当注重为下一层级服务;每一层级的服务质量都将受到下一层级的监控和检验,并受到终极用户的检验;每一层级都必须注重工作的质量,以获得高品质的、用户满意的服务。实际上每一服务岗位的馆员都将全员参与到这一管理过程中,既对上一层级的服务质量进行监督,也对本层级的服务质量负责,并为下一层级的馆员以及用户(读者)提供服务,全员参与的结果将使图书馆、图书馆馆员、用户等各方面获益。很明显,这些管理思想与我们此前分析的系统工作原理的两个关注点不谋而合,应用全面质量管理理论指导图书馆服务能力的全面提升不可不说是重要的管理途径。

五、全面质量管理理论指导下的图书馆服务能力的全面提升

将全面质量管理理论应用于图书馆服务能力的全面提升,重在相应的管理措施全面落实。根据上述观点,将以上两个中心、四个"全"字落实到图书馆服务能力的全面提升中,则应当重点关注:图书馆服务能力系统

的质量,图书馆服务活动过程的质量,图书馆服务质量的持续改进与图书馆服务能力的持续强化。

(一)全方位管理图书馆服务能力系统的质量

图书馆服务能力系统由相关要素及子系统构成,全面管理图书馆服务能力系统质量必须从要素及子系统的质量管理入手。系统中每一要素及子系统都有特定的内容、职责、任务和功能,都与其他要素及子系统存在密不可分的联系;每一要素和子系统的质量缺失都会影响到整体的服务质量以及整体服务能力的发挥。对服务能力系统进行全面质量管理,应当明确:系统中所有要素及子系统在系统中的内容、职责、任务、功能以及与其他要素及子系统的关系;系统中所有要素组合的合理性和子系统结构的合理性;系统中所有要素及子系统组合的整体性和关联性;系统中所有要素及子系统的质量要求指标;系统中不达标要素以及子系统内容质量改进的方法措施。通过细致的全方位管理,使图书馆服务能力系统更符合系统特征的要求,使系统中各个部分都处于最佳状态,是系统全面质量管理的基本任务。

(二)全过程监控图书馆服务过程的质量

全面质量管理理论要求组织中所有工作和所有活动的质量都能达到既定的要求,图书馆应当注重对图书馆服务活动过程以及服务能力绩效进行全过程监控,注重每一层级的能力是否达到了既定的质量指标,是否能够获得下一层级用户以及终极用户的满意。为此,图书馆应当做好:全面构筑和提供图书馆服务需要的基础条件;精心设计服务活动体系、服务质量指标以及服务能力指标;建立图书馆服务活动全过程监控管理机制,在图书馆服务过程中对每一层级的服务质量及能力绩效进行全面监控和管理;充分关注用户的感受,包括图书馆各个不同层级馆员的感受和终极用户的感受,通过层层测评和用户满意度测评等监控手段,达到全过程监控、全方位管理的目的;充分调动图书馆全员参与以及用户参与的积极性,以促进图书馆服务质量的提高,并促进图书馆服务能力的提升。通过全过程监控,将图书馆的服务过程全面纳入图书馆质量管理系统,可保证图书馆服务质量的优化,也有利于图书馆服务能力在各方面得到提升。

(三)图书馆服务质量的持续改进与图书馆服务能力的持续强化

图书馆服务活动质量全方位管理和全过程监控的目的是不断提高图书馆服务质量,并通过持续不断的质量改进实现图书馆服务能力的全面提升。全面质量管理的重要特点之一是具备完善的层层把关的反馈机制,图书馆服务质量的持续改进与图书馆服务能力的持续强化都是在完善的反馈机制推动下经过不断调控获得的。为此,图书馆服务能力的反馈调控机制在全面质量管理中显得尤为重要,必须做到:在全过程监控、全方位管理机制下注重全过程反馈和全方位反馈;关注反馈数据的分析研究,为持续提升图书馆服务质量、强化图书馆服务能力设计切实可行的方案;始终关注用户对服务质量、服务能力的感受,发挥用户在反馈机制中的作用;始终关注图书馆服务能力系统中各要素和各层级子系统质量的持续强化,并注重持续强化中各要素和各层级子系统的协调发展;始终关注图书馆服务质量持续改进和服务能力持续强化中全体馆员的作用和利益,将服务质量的持续改进和服务能力的持续强化转化为馆员的自觉行动。

以全面质量管理理论指导图书馆服务质量和服务能力的全面提升及管理,有极强的实践性和可操作性要求。通常人们需要设计专门的方案,成立专门的组织机构,建立专门的质量评价指标,进行系统的管理运作,开展有效的质量测评,确定有待解决的问题,提出改进措施等。特别是面对今天图书馆服务能力系统日趋复杂的情况,全面质量管理更需要加强以上工作,为图书馆服务质量及服务能力的提升管理提供可操作和可感知的行为范式。目前,国内外图书馆已有许多成功的案例反映图书馆全面质量管理的实践经验,这些经验主要针对图书馆服务质量的提升。今天我们讨论图书馆服务能力的提升,可将其基本方法移植于此,从服务质量反思服务能力,从而起到对图书馆服务能力进行全面提升的作用。

图书馆服务能力系统是复杂的系统,还有许多可深入探讨的内容。

在系统工作原理基础上,应用全面质量管理理论讨论图书馆服务能力的全面提升问题,可使研究视野更为广阔,思考更深入,内容更系统,并对实践更具指导意义。

第二节 图书馆服务的新发展理念

一、图书馆服务理念原则

服务是图书馆的基本宗旨,是图书馆的核心价值观。优质的图书馆服务理念应遵循五大原则,即开放、公益、平等、创新、满意的原则。

(一)开放服务原则

图书馆不仅仅是一个学习、阅读场所,也是学校综合文化的中心,要让读者把图书馆当成他们的"第二起居室",保证足够的开放时间,把馆藏资源和设施向读者充分开放:第一,所有馆藏开放利用。第二,尽最大努力实施开架借阅。第三,经常进行馆藏宣传。第四,馆与馆之间相互开放资源,实现资源共享。第五,全面揭示馆藏,健全检索体系。

凡是与读者有关的决策过程及其结果向读者公开。馆务公开既是图书馆决策民主化的需要,也是图书馆服务取信于读者的需要。

(二)平等服务原则

图书馆是体现人类读者,尊重每一位读者。

(三)创新服务原则

创新服务主要包含三个方面:

一是理念创新。首先,服务是一种品牌。服务是一定的规模和馆藏,或某一信息产品,或某一特色服务。如果这些服务在同一行业中形成差别优势,那么这种优秀就是品牌。其次,服务是一种文化。图书馆特有的知识底蕴、人文环境、行业规范、价值追求都衬托着图书馆服务的文化品格,它象征着图书馆服务的高尚与高雅、神圣与光荣。

二是内容创新。图书馆服务的内容急需拓宽,主要趋势是加大信息服务和"便民服务"的内容。在信息服务方面加大网上信息导航服务。在便民服务方面加大延伸服务、定制服务力度(如技能培训、服务咨询等)。

三是方式方法创新。就是改变以往单一的馆藏文献的外借与内阅服务模式。利用现代网络平台提供各种数据库服务、多种在线或离线信息服务(如信息推送、知识发现、网络呼叫、智能代理等),使我们的服务具有较强的智能性、实用性和交互性等特征。

(四)满意服务原则

读者是否满意是衡量图书馆服务水平的最终标准。满意是图书馆服务的核心,它表现在三个方面:一是读者对文献是否满意。二是读者对馆员的服务态度、服务能力、服务效果是否满意。三是图书馆业务建设、制度、服务项目及设施是否反映读者的利益和需求。

(五)公益服务原则

图书馆是一个为大众服务的公共场所,图书馆应定期为大众提供免费的阅读服务,为社会发展贡献自己的力量。

综上所述,图书馆的理念——满意是其办馆宗旨,一切为了读者是精神实质。工作人员的服务态度是图书馆行为是否让读者满意的最直接表现。开放是基础,公益是内在品质,平等是人性化方向,创新是动力,满意是图书馆服务的终极目标。

二、"以人为本"的图书馆管理新理念

如何把"以人为本"的理念更好地运用在图书馆的管理工作中呢?我们可以结合广东工业大学图书馆的管理工作实践,对"以人为本"理念在图书馆管理工作中的应用进行探讨。

(一)深入贯彻"以人为本,读者至上"的服务宗旨

图书馆工作,有管理的成分,但核心还是为读者提供服务。图书馆服务工作的对象不是抽象的整体,而是一个个活生生的人。最大限度地满

足和实现个体读者的需要,是图书馆服务理所当然的出发点和落脚点。

"以人为本,读者至上",就是要以每个读者的需要满足为我们工作的追求和动力。满足读者求知的需要、研究的需要、享受知识的需要,等等。"以人为本",就是要我们把工作做到每一个环节、每一个细节,力争每个环节都体现我们精心细致的工作、体贴入微的服务。

图书馆新采取了"大流通"、全开架和跨校区"一证通"借阅服务的方式。目前,馆内凡有收藏资源的楼层均设有检索终端,读者走到哪儿,便可随时随地查阅书目等。此外,还开展了外借阅览、电子文献阅览、馆际互借、文献传递、参考咨询、网络数据库检索、代查代检、联机检索、科技查新、定题服务、用户教育和培训、宣传辅导、复印服务等全方位的读者服务。其中,借阅室开放时间为 105 小时/周,馆藏书目数据库和网络资源检索保证 24 小时×7 天的不间断服务。这些服务的提升或改进,大大节省了读者查找信息所用的时间,极大地方便了读者对文献信息的检索和利用,更为高效地满足了读者的需要。

(二)建立和完善"以人为本"的内部管理机制

对人的尊重、爱护、关怀,对人的公平、公正的对待是"以人为本"理念的基本内容;人尽其才,才尽其用,合理地配置人力资源,是组织工作高效、高质量地开展人力资源管理的保障。图书馆员工同样有着各方面的需求,故管理者应在工作、学习、生活等方面加强与馆员的沟通交流,关心、爱护和帮助他们,体现管理者应有的领导素质和管理艺术。其中,最为重要的管理工作是,对馆员科学地安排岗位,量才使用,发掘每个馆员的才能和潜能,给他们施展才华和发展的空间,让其工作有盼头、有想头、有奔头。此外,管理者还要创造一种公平、公正的竞争氛围,以激发员工的积极性和创造性并保证馆员间良好的人际关系。最后,对馆员的关爱必须落到实处,核心是要帮助他们成长,适应工作的需要,适应竞争的需要。只有这样,才能充分发挥个体馆员的最大价值和整个组织队伍的最大团队力量,形成一股推动图书馆事业发展的洪流。

长期以来,该馆坚持"按需设岗,公平竞争,择优录用,严格考核"的聘任原则,实行"三定一聘",引进竞争激励机制;通过引进、培养、科学研究、学术交流等方式,提高人员的业务水平,建设了一支高素质的专业技术队伍,全面提高馆员综合素质,以适应现代化信息时代的需要,为学校"打造强势本科"提供高效优质的服务。

(三)遵循"以人为本"的图书馆环境人文化设计

建筑是人类文化的组成部分,被誉为凝固的音乐,它体现着人的精神追求和情感寄托,是时代精神和审美理想的物质表现。图书馆的建筑是图书馆的人文关怀的物质体现,也就是人文环境的物质外壳。随着图书馆的建筑美学、读者心理学、阅读环境学等研究的开展和深入,图书馆的功能和价值被更全面和深入地认识。读者在图书馆应得到的不是单一的文献信息需要,还包括给人以建筑环境、人文环境美的陶冶、心灵的净化等,让读者在典雅、知性、人文的阅读环境中实现美的享受。广东工业大学有大学城、东风路、龙洞三座功能完备的图书馆,总建筑面积74004平方米,设有阅览、自修座位5915个。

(四)大力推进"以人为本"的个性化服务

在网络环境下,用户的信息需求呈现多样化、层次化、个性化的趋势。从需求时效上,要求个人的信息需求及时得到满足;从需求内容上,要求提供的信息更加全面、具体和精确,并希望进一步提供经过整合、集成、创新,并能解决问题方案的核心知识内容。在需求取向上,表现为读者个性化需求倾向增加,他们根据自己的兴趣、工作特性及课题性质对某一类信息或知识内容表现出特别强烈的专业需求。而以人为本的个性化服务,就是馆员除了担任文献信息采集、加工、处理等工作,还要扮演信息专家的角色。因为要求馆员具备较高的图书馆业务水平、较高的学历与职称,具备广博的文化基础知识及学科背景,具备较熟练的计算机应用能力;熟悉各种网络工具的检索功能、检索策略,并能运用高效的检索技巧回答检索提问。馆员运用专业知识和图书馆资源,针对对口院校教师和研究生开展深层次的信息服务,帮助师生获得最新专业发展动态,给读者提供满意的个性化答复。这对提高该馆服务水平具有重要意义。

图书馆必须在坚持"以人为本"理念的基础上,进一步更新观念,改革和创新管理模式;必须更加重视对馆员专业才能和全面素质的培养、提高,强化馆员参与管理的意识,充分发挥每个馆员的聪明才智,有效地激发馆员的工作积极性,推进每个馆员个体价值和社会价值的实践统一。只有这样,才能使图书馆产生更强大的凝聚力,不断促进图书馆事业高效而可持续发展。

图书馆服务的新理念核心就是"以人为本",在现代经济高速发展的情况下,它与各行各业的根本宗旨都是一样的,服务决定着一切。而服务是为人准备的,因此,一切服务以人为本,图书馆以读者的方便为主要目标,通过现代化的技术为读者提供更便捷、更高效、更优质的服务,是现代图书馆全新的服务理念。

参考文献

[1]何津洁.图书馆读者服务工作拓展与创新[M].北京:北京工业大学出版社,2018.

[2]郭燕平,王锐英.大数据时代的图书馆信息服务模式变革[M].北京:中国建筑工业出版社,2018.

[3]陈三保.新形势下图书馆服务与创新[M].昆明:云南科技出版社,2018.

[4]韦仕江.图书馆档案馆数字资源融合服务研究[M].长春:吉林人民出版社,2023.

[5]申彦舒.数字技术时代的图书馆服务[M].湘潭:湘潭大学出版社,2023.

[6]王葳.互联网视域下图书馆知识生态系统服务模式研究[M].长春:吉林出版集团股份有限公司,2022.

[7]牛卫东.移动数字时代图书馆知识与信息服务研究[M].北京:中国社会科学出版社,2023.

[8]李继萍.理论与实践结合下的图书馆服务研究[M].天津:天津科学技术出版社,2023.

[9]汤文亮,项峻求,桂玉杰.基于大数据分析的图书馆信息服务创新研究[M].长春:吉林出版集团股份有限公司,2023.

[10]阿炳.新时代图书馆管理[M].北京:企业管理出版社,2023.

[11]谢硕研.图书馆智慧化管理与服务创新[M].长春:吉林出版集团股份有限公司,2023.

[12]罗晖,任丽清,汤小华.图书馆信息化的建设与创新研究[M].长春:吉林文史出版社,2023.

[13]周玲元.轻应用背景下智慧图书馆微服务体系构建研究[M].北京:经济科学出版社,2023.

[14]鞠晶.智慧图书馆服务创新[M].长春:吉林出版集团股份有限公司,2022.

[15]蓝开强.图书馆建设发展与智慧服务创新研究[M].汕头:汕头大学出版社,2022.

[16]孙振强,刘慧.图书馆特设资源建设研究[M].北京:北京工业大学出版社,2022.

[17]安英浩.新业态下公共图书馆创新发展研究[M].长春:吉林大学出版社,2022.

[18]陈佳祺,刘源源,李世元.信息素养教育与资源建设研究[M].延吉:延边大学出版社,2022.

[19]王秀琴,郑芙玉,浮肖肖著.图书馆管理创新研究[M].长春:吉林人民出版社,2021.

[20]马亚玲.图书馆数字资源建设与服务创新研究[M].长春:吉林出版集团股份有限公司,2020.

[21]杨永华.智慧时代图书馆服务创新与发展研究[M].北京:中国原子能出版社,2020.

[22]盛小平,刘泳洁.图书馆职业能力研究[M].武汉:武汉大学出版社,2020.

[23]江莹.基于信息资源建设与读者服务的图书馆发展研究[M].长春:吉林大学出版社,2020.

[24]张路.大数据时代图书馆信息服务创新研究[M].长春:吉林人民出版社,2019.

[25]杨琳.图书馆管理与阅读服务模式创新[M].长春:吉林人民出版社,2019.

[26]董伟.新媒体时代图书馆管理与服务研究[M].长春:吉林人民出版社,2019.

[27]牛世建.数字图书馆建设研究[M].延吉:延边大学出版社,2019.

[28]李艳春,朱平哲,毛靖.大数据环境下图书馆信息服务转型研究[M].北京:北京工业大学出版社,2019.

[29]康桂英,明道福,吴晓兵.大数据时代信息资源检索与分析[M].北京:北京理工大学出版社,2019.

[30]梁宇清.大数据时代的图书馆管理[M].北京:中国原子能出版社,2018.